张爱玲的摩登时代

陶方宣 ＼ 著

重庆出版集团
重庆出版社

图书在版编目(CIP)数据

张爱玲的摩登时代/陶方宣著. —重庆:重庆出版社,2017.12
 ISBN 978-7-229-12614-8

Ⅰ.①张… Ⅱ.①陶… Ⅲ.①张爱玲(1920—1995)—传记 Ⅳ.①K825.6

中国版本图书馆CIP数据核字(2017)第209754号

张爱玲的摩登时代
ZHANG'AILING DE MODENG SHIDAI
陶方宣 著

责任编辑:陶志宏 张 蕊
责任校对:何建云
装帧设计:陈 永 刘 颖

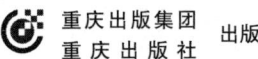
重庆出版集团
重庆出版社 出版

重庆市南岸区南滨路162号1幢 邮政编码:400061 http://www.cqph.com
重庆出版集团艺术设计有限公司制版
重庆市国丰印务有限责任公司印刷
重庆出版集团图书发行有限公司发行
E-MAIL:fxchu@cqph.com 邮购电话:023-61520646
全国新华书店经销

开本:880mm×1230mm 1/32 印张:7.125 字数:233千
2017年12月第1版 2017年12月第1次印刷
ISBN 978-7-229-12614-8
定价:35.00元

如有印装质量问题,请向本集团图书发行有限公司调换:023-61520678

版权所有 侵权必究

目／录

序　老上海的女主角　1

上海往事

第一章　以文为生　2
第二章　世界格局　30
第三章　出身名门　71

摩登时代

第四章　时髦　116
第五章　妙言　143
第六章　光影　165
第七章　美味　196

老/上/海/的/女/主/角
（序）

陶方宣

张爱玲的青少年时代是一个摩登、开放的时代，那时候老上海是一个被欧风美雨浸淫的现代化都市。影院、洋行、报馆、舞厅、书店如雨后春笋遍地开花，它们构成一个现代文明的背景，催生孕育了张爱玲这一代自由写作的作家，他们靠稿费为生，你可以称他们为自由作家，也可以称他们为自由撰稿人。他们完全不同于古代那些诗人或作家，他们在中国的出现，其实有着划时代的意义。我总结过张爱玲身上的几大特点：职业写作、爱情至上、特质第一、崇尚自由。以现在的眼光来看，这四点好像微不足道，但是它们能在当时的中国人身上出现是难能可贵的。中国人，特别是明清时期的中国文人，生命与才情一直用来写八股文，然后年复一年地应对科举考试，那是他们唯一的出路。女人更可怜，连科举考试的资格也没有，即便才华盖世如汉朝的蔡文姬、宋代的李清照，也只能依附于男人，在深闺幽怨中，孤独终老。然而时代毕竟到了老上海时代，到了汽车奔驰、飞机上天的1940年代，穿旗袍的张爱玲向我们姗姗走来——她的出现是理所当然，更是应运而生。

应运而生才是合乎常理，自然规律就是应运而生。民国时代的老上海在殖民者强力操控下，由偏居一隅的老城厢迅速蜕变成与纽约、巴黎平起平坐的大都会。经济的繁荣、文化的包容、社会的开放，必然带来人格的独立、心灵的解放，也给女性主体意识的觉醒创造了前所未有的机遇。女性从身体到心灵的大梦初醒，便是从老上海这一代人开始。所以我们看到1930年代，当深山里女人像牲畜一样被任意买卖的时候，老上海的女人们却信奉爱情至上、自由万岁，稍不满意便像娜拉一样离家出走，从来没有哪一代女人像她们这样自由与独立——爱我所爱，我的爱情就是发自我的内心，我的身体只服从内心召唤。

以张爱玲为代表的老上海女人就是这样，她们是了不起的，在空前丰足的物质文明下长大，讲究穿着打扮，信奉爱情至上、物质第一，她们蔑视权贵，崇尚自由，她们的写作绝不服从任何权势，只服从自己的内心。她们身上所折射的现代人格魅力光彩熠熠。张爱玲一生我行我素，活出一个传奇——这种女人的发育与成长跟老上海的文化氛围密切相关，甚至与她那个从旧家庭逃离、毅然挪动小脚出走海外的母亲黄逸梵也密切相关，她也是一位现代文明孕育出的新女性,与女儿很少在一起,却照样全方位地影响了她。这一对母女的心灵里,都埋藏了自由的种子,种子既然已经埋下,肯定要生根发芽,长叶开花。如果说黄逸梵是一部连续剧的话,那么张爱玲就是她的续集。黄逸梵死了,可她的汩汩热血却一直在张爱玲的血管里奔腾——

张爱玲是本书的女主角,也是老上海的女主角,她穿旗袍的倩影,会一直烙印在老上海的封面上。

上／海／往／事

ZHANG'AILING DE
MODENG SHIDAI

第一章

以 / 文 / 为 / 生

"我是一个古怪的女孩,从小被目为天才,除了发展我的天才外别无生存的目标。然而,当童年的狂想逐渐褪色的时候,我发现我除了天才的梦之外一无所有——所有的只是天才的乖僻缺点。"

——张爱玲

时代的影子在人们的谋生方式中

张爱玲毕业后没有外出找工作,而是理所当然也不容置疑地选择了一种前所未有的职业,一种划时代的职业,一种里程碑式的职业——如果要给它起个名,这便是:自由作家。用现在的眼光来看,也可以说是自由撰稿人。

一个时代的影子总是清晰地反映在人们的谋生方式中,比如古代的采诗官——每天的工作就是深入偏远乡村,摇着铃铛请人们出来吟唱歌谣。这是一份相当浪漫的工作,走村串乡不是为了贩卖小商品,而是收集歌谣,他往村口老槐树下的大石碾上那么潇洒地盘腿一坐,将手中铜铃叮叮当当么一摇,男女老少会冒出一大帮,然后有人就会为了几文小钱唱上那么几首歌谣,被采诗官们记录到麻纸上,最后被带入宫中。这一份职业后来失传了,也可以说被淘汰了——据说《诗经》就是采诗官的劳动成果。比如老上海时代有一种职业:粪霸——粪便在城市是无用的废物,但在农耕时代的乡村,它被称为宝。粪霸控制着城市的粪便收集,张爱玲笔下"黎明时的粪车"来收粪,每户人家每月收费2角,粪霸收集粪便后再兑水,然后以每车2元的价格装船卖到乡下。两头都盈利,这是暴利行业,大多为杜月笙、黄金荣等流氓大亨所垄断。同样,随着抽水马桶和下水管道等现代文明的市政建设普及,粪霸这样的职业便失去了生存土壤,消失了。而像张爱玲这样以自由写作为生的全新的职业文人开始出现,它标志着中国开始进入现代文明,一个全新的世界,在专制而愚昧的中国人面前徐徐拉开帷幕。

像张爱玲这样四体不勤五谷不分、手无缚鸡之力的人,她去外面很

当年的上海滩大厦林立。

难找到工作。当然她有文化,可以去公司做职员、去学校做老师,但是从她孤芳自赏拒人于千里的个性看,她到一个单位也绝对难以立足。她最合适的职业,就是写作。当然,对于一个喜爱写作的人来说,能有闲情逸致自由自在地写作,那是多么幸福的事——首先它需要一定的经济基础,所以从古到今,凡搞写作的文人大多清贫,因为为文几乎不可能给他带来富足。游山玩水,吟春悲秋,几首小诗,几篇短文,那是朋友间用来唱和的,是不可能给他带来利润的。当然也有"润笔费"之说,那只是少数人的特例,因为从社会层面上,没有机制让一种"卖文为生"的行为成为生活常态,所以也没有文化人想过以这种方式来谋生,他们都是奔仕途而去,落第之后便成为一群草民。但是到了老上海这个全新的时代,以文谋生则成为可能,这背景是一个高度发达、体例完备的现代意义上的大都会,它在中国的长江入海口神奇出现。在数千年梦魇中生活得太久的中国人,眼睛已经完全适应了黑暗,那种伸手不见五指的黑暗像一个老酱坛子,将中国无数颗鲜活的心腌渍成老酱瓜。鸦片战争后,西方列强用中国人敬神祭祖的火药,轰开了那扇关闭太久的沉重国门,太平洋上的浩荡飓风呼啸而至乘虚而入——是民族的屈辱,也是再生的动力,是两种文化的嫁接,也是两种文明的交合,仿佛天雷勾动地火,这一切就发生在我脚下这片上海滩上,一种中国五千年历史上从来不曾出现过的现代都市文明海市蜃楼般出现在上海:1848年的现代金融机构银行、1856年的欧式大马路、1865年的煤气灯、1882年的电灯照明、1884年的自来水、1901年的汽车、1908年的公共巴士。

打破了政治壁垒,中国人的聪明才智得到了极大发挥。面对风起云涌的现代文明,他们"初则惊,继则异,再继则羡,后继则效"。文化精英们的仿效行动就是领导变革,这种变革不管成功与否,都对中国人的精神世界产生一波又一波巨大冲击,对后世的影响也经久不息。张之洞称这种变革为"中学为体,西学为用"——"用"在这里是使用与运用之意,欧洲文明对中国人来说,物质层面上的接受远比精神层面上的接受更容易,也更直接,这就导致上海人远比中国其他地区更容易接受国际规范和拥有世界目光。

面对这样一个五彩缤纷的全新时代,千奇百怪的新职业自然也应运而生,张爱玲的自由写作只是其中之一,在这一份职业背后,便是一个由现代科技所构成的阅读世界:世界上最先进的印刷技术,成千上万家各类报刊杂志,完备、现代的邮政发行系统,大量的有知识储备、起码也是识文断字的读者群体——当然,科技只是一种手段,潜在的是民众巨大的无法满足的阅读需求。因为置身这样的文明世界,对知识的需求与永不满足,极大地刺激了人们的阅读兴趣,巨大的潜在市场诱惑着资金的投入,使得书报出版业以一种空前膨胀的态势出现在物欲横流的上海滩,并将它从一个傍海的闭塞的农耕小城推向一个八面来风的、包容的国际大都会,以张爱玲为代表的有史以来中国第一代自由撰稿人才应运而生——万事万物都是应运而生,而一旦逆运,便不可能出现、发生,这是天地定律。自然而然地,张爱玲出现了,如同一枚月亮,高高地悬挂在老上海的夜空。

她吃的就是第一只螃蟹

中国第一代自由撰稿人在老上海出现，第一代畅销书作家也是在老上海出现，我手头没有资料证明张爱玲是中国有史以来第一位自由撰稿人或第一位畅销书作家，但她起码置身于中国有史以来第一批自由作家和畅销书作家中——"张爱玲们"的出现，标志着古老的中国进入了全新的现代文明阶段，张爱玲身上所折射出的意义有时候可能要大于她的作品本身。石康说："张爱玲是一位伟大的女性。"张爱玲是伟大的女性么？如果从这一角度来说，为什么她不是？以稿费为生——她吃的就是这第一只螃蟹。

印刷术很早就在中国出现，明清小说话本也早已在民间流通，但那多半是一些有闲阶级吃饱了撑得慌的活儿，写小说、搞戏班、收藏古书、设计园林——是他们喜爱的活儿。那个时候不可能出现畅销书作家，社会封闭如枯井，刻字印刷让一本线装书、毛边书贵比黄金。再说山高路远羊肠小道，一辆牛拉破车吱吱呀呀，都不可能催生一种畅销书业。更何况知识的垄断让读书成为极少数富家子弟的专利，遍地文盲让知识传播只存在于少数特权阶层。

老上海在大海之滨长江尽头崛起，如同一座灯塔，一个现代文明的都市，它显著的标志就是文化的普及。大量的公司职员、产业工人乃至众多市民，全都是文化群体，紧张工作之余，阅读是他们消遣，乃至主要的消遣方式，大量为市民写作的作家便应运而生——他们主要为遍地开花的市民类小报写连载小说，很多怀抱梦想的各地文学青年纷纷如过江之鲫般进入北京、上海等浮华都市，如沈从文、张恨水等等。沈从文初到北京很苦，租住在一个冷如冰窖的小屋子里，常常饭都没得吃，到慈善院讨几个包子果腹，到图书馆蹭点白开水喝。他在上海亭子间卖文为生时，因为愁着下个月的生活费，一写就是一个通宵，写到鼻血大流也不能停歇。张恨水也在老上海居住过很多年，做过编辑，写过连载小说——和沈从文不同的是,他绝对是畅销书作家,甚至许多报纸就以他的连载小说作为卖点,多的时候他一天为七家报纸写连载,甚至有印刷工人连夜守在他家屋外等候,稿子一完工,马上接了就往印刷厂赶,次日一早,这些散发油墨香的报纸就出现在市民餐桌上。

张爱玲和张恨水一样是畅销书作家,她的《流言》和《传奇》当年在上海滩风行一时洛阳纸贵,据说小说集《传奇》上市仅四天就销售一空,工厂里工人连夜赶印。当时印刷图片的机器还用脚踏,无数工人拼命踩踏,脚都踏肿了。张爱玲看到满大街书店书报摊上全是她的《传奇》,得意得飘飘欲仙,忍不住自己也跑到书摊上买一本,然后故意装作无意的样子问:"这本书卖得还好吗?"她在第二版的自序中毫不掩饰地说:"呵,出名要趁早呀!来得太晚的话,快乐也不那么痛快","快,快,迟了来不及了,来不及了!"她的判断力敏锐而准确,她知道快乐是那么短暂,像烟花一样一闪而逝,所以她要迫不及待抓住这片刻的欢娱,享受成功所带来的一切,完全不顾及其他。当时与她一样齐名的还有女作家苏青,苏青红极一时,她是一个独立的女性,某次伸手找丈夫要钱贴补家用时,丈夫抬手就给了她一巴掌:"你也是有文化的人,为什么你不能挣钱养活你自己?"苏青被逼无奈走上职业女性的道路——其实这份职业就是和张爱玲一样做职业作家,靠稿费为生。苏青出版过畅销书《结婚十年》,大量的身体描写让无数读者趋之若鹜,这给苏青带来滚滚财源。有一年过年,苏青手头拮据,怎么办?看到家中仍存有一批《结婚十年》,本来是作留存用的,现在手头没钱过年,便卖书吧。她当即叫来一辆黄包车,装了这一车书送往大街小巷各处书报摊。当时正值雪后,天冷路滑,黄包车翻倒,"书又掉下来了,《结婚十年》龙凤帖式的封面纷纷滚在雪地里,真是一幅上品的图画"。这是她自己事后的回忆,尽管非常不易,但是职业作家就是靠一支笔养活了自己甚至孩子——而这些职业作家竟然都是女性,这就更加了不起。女人靠自己吃饭应当自豪,尽管有时候想起来有点心酸。苏青曾说过,她家里的钉子每一根都是她自己钉的，可这又有什么值得骄傲的呢？

神奇而文明的"美丽新世界"

现代文明的突飞猛进让我们告别农耕与蒙昧，进入一种神奇而文明的"美丽新世界"——老上海就是这"美丽新世界"给中国品尝的一种甜头，一种念想。生活在老上海的人们是有福的，当然这里仅仅是指在文化阅读方面。那是一个崇尚阅读的时代，也是一个全民阅读刚刚来临的时代，人们在惊喜之余贪婪地阅读着，沉浸在一种新奇的快乐体验中。

在老上海时代，只要是有文化的家庭，订阅报刊杂志是司空见惯的事情，这在从前的中国是不可想象也是不可思议的。张爱玲和母亲抢着读老舍的连载小说《二马》，连上马桶的片刻时间也不肯错过。母亲一边读，一边坐在马桶上咕咕笑。张爱玲急得不得了，就守在卫生间门前，也跟着笑，知道母亲是读到精彩段落了。她和她的那些表姐表妹们一见面就骂某个连载作家，因为他的小说实在太烂，但是一边骂一边读，否则昏昏沉沉的午后，那些漫漫无涯的光阴该如何打发？张爱玲在阅读了大量书籍报刊之后，很自然地就提笔写作，她想要她的文字也能成为书籍报刊被广泛大量地印刷，这是相辅相成的，也是历史进程的必然。张爱玲的出现虽然是偶然的，但是谁能说所有的偶然不全都是一种必然？

西方现代文明进入中国是以"丧权辱国"为代价的，以《南京条约》等一系列不平等条约为切入点，中国人委曲求全忍气吞声，无可奈何地开出一条门缝让上海人称为"小赤佬"的洋鬼子进入。抗战爆发后，由于当时特殊的政治条件，上海成为一个所谓的"孤岛"，"孤岛"的畸形繁荣让它成为后世中国人一个特殊的影像，张爱玲的身影就于其中闪亮登场——这是一个特殊时代的"特殊时刻"，也可以说它是最为平常的一个年代，看你从哪个角度去看。要我说来，所有的年代都是特殊的,没有哪一个年代与另一个年代雷同,每一代人都生活在时代的夹缝中。柯灵先生说:"我扳着指头算来算去,偌大的文坛,哪个阶段都安放不下一个张爱玲,上海沦陷,才给了她机会。日本侵略者和汪精卫把新文学传统一刀切断了,只要不反对他们,有点文学艺术粉饰太平,求之不得,给他们点什么,当然毫不计较。天高皇帝远,这就给张爱玲提供了大显身手的舞台。"柯灵的分析很有道理,如果张爱玲早出道几年,也未必成为张爱玲。1930年代的文人龙飞凤舞,一个文学新人很难出现,即便出现,也难有一枝独秀的风采。而如果晚出生呢?上海已经解放,像张爱玲这样的遗老遗少很难融入新社会,所以时代就给了张爱玲两三年时间,让她像一根豆芽在时代的夹缝中生长,就像她自己在《倾城之恋》中写的:"在这不可理喻的世界里,谁知道什么是因,什么是果?谁知道呢,也许就因为要成全她,一个大都市倾覆了。成千上万的人死去,成千上万的人痛苦着,跟着是惊天动地的大改革。"

张爱玲的传奇并没有延续下去,来到美国后,她也一度想东山再起,像从中国来到美国从事写作声誉鹊起的大家林语堂那样,能写出轰传一时的名作《苏东坡》或《京华烟云》。她也曾努力过,写过反映农村生活的长篇小说,甚至为了写一部《张学良传》跑去台湾采访,信心十足地要将它打造成《传奇》或《流言》式的畅销书。但是美好的梦想终究没有变成现实,随着赖雅一次一次的中风,她甚至连最起码的采访都没有完成,放下手头的一切,一心一意照顾病中的赖雅。赖雅去世后的20年,她彻底告别世俗离群索居,过起了隐居生活,一贫如洗两袖清风——在那个遥远的国度,在那个东西方文化形成的"夹缝",这是时代的宿命,也是张爱玲的宿命。

小报仍然给我一种回家的感觉

张爱玲在上海以文为生实在是时势使然,上海开埠后,西方的一种信息传播方式开始进入,一夜之间上海街头出现无数报纸,小小的报童沿街叫卖报纸成为海上一景。张爱玲从小就看报读报，给报纸写稿。她说："我喜欢鸦片的云雾，雾一样的阳光，屋里乱摊着小报（直到现在，大叠的小报仍然给我一种回家的感觉）。"大叠乱摊着的小报在张爱玲眼里就意味着家……

张爱玲对自己评价并不高，她认为自己是通俗的，她喜欢看张恨水的市井小说就是明证。而且，她的很多市井小说就发表在小报上，比如在《亦报》上连载的小说《十八春》。她的文学创作与父亲有关，张廷重应该是一个文学爱好者，最起码也是个品味不俗的读者，他的阅读情趣潜移默化影响了张爱玲。比如张爱玲对《红楼梦》的兴趣就是受到父亲的影响，父亲还买过萧伯纳的书《伤心之家》和胡适的书。胡适的那本书让张茂渊借走了，并且一借不还。张爱玲初学写作时，每有习作写出来，张廷重就颇为自得，到处聒噪。张爱玲还和母亲抢着读老舍的连载小说《二马》。张廷重喜欢看小报，张爱玲说："看着小报，和我父亲谈谈亲戚间的笑话——我知道他是寂寞的，在寂寞的时候他喜欢我。父亲的房间里永远是下午，在那里坐久了便觉得沉下去，沉下去。"下午的家在张爱玲眼里是温暖的，寂寞的父亲、大叠乱摊着的小报、鸦片烟的雾气，有点让她沉醉。小报成了她与父亲共同的读物与话题，她成了小报的铁杆读者，后来又成了铁杆作者，她的《郁金香》、《小艾》分别在《小日报》和《亦报》上连载。一个女读者看过后觉得和她的经历十分相似，哭着找到卡尔登公寓，要见张爱玲。张爱玲也从不避讳小报，她在与《力报》记者通信时说："喜欢小报的机智。"台湾一位学者也说，张爱玲的英文写作更接近美国小报的文笔。

上海开埠后，市井开化，市场繁荣，市民的生活发生极大变化，对新闻的需求、对信息的了解十分强烈，一种全新的现代传媒——报纸便开始出现，第一份报纸《字林西报》于1850年在上海滩诞生。不客气地说，中国新闻业就是洋人"小赤佬"开创的。到了张爱玲时代，上海滩报业已进入全盛时期。各类新闻报、市民报、英文报层出不穷，从而产

老上海亭子间。

生了一大批以给报纸撰稿为生的市民作家，比如张爱玲、张恨水——自然也产生了一批以卖报为业的报童。当时上海的很多文化人就在报社供职，比如对张爱玲倍加推崇的周瘦鹃，他就供职于《申报》，这份由史量才从英国人手中接办的报纸最后成为上海滩著名的报纸。《申报》应该对张爱玲高看一眼，张爱玲与东亚明星李香兰都参加的那次"纳凉晚会"，便是由《申报》出面组织。在晚会上，社长陈彬龢问起张爱玲的生活经历与恋爱观，这让张爱玲颇感不快，因为当时她的恋爱正传得沸沸扬扬。当时很多作家同时也是杂志主办人，比如苏青、柯灵。

当时柯灵主编一本文学杂志《万象》，杂志社就在福州路画锦里的一间很狭窄的亭子间里。柯灵后来回忆说："隔着一道门，是老板平襟亚夫妇的卧室。好在编辑室里除了我，就只有一位助手杨幼生（洪荒），不致扰乱东家的安静。当时上海的文化，相当一部分就是在这类屋檐下产生的。而我就在这家庭式的厢房里，荣幸地接见了这位初露锋芒的女作家。"

现在想起来,当张爱玲踩着吱吱作响的木楼梯走上《万象》杂志的亭子间时,她其实是登上海上文坛的顶峰。柯灵说得对,上海的文化,相当一部分就是在这类亭子间中产生的,特别是文学杂志,如雨后春笋一样从上海滩冒出来,大多就生长在这类阴暗、狭小的亭子间。所以在上海,二三十年代享有亭子间作家之称的鲁迅先生有一本杂文集《且介亭杂文集》,这个"且"字左边加"禾"为"租","介"字上面加"田"为"界",后面加一个"亭"字,这就明白无误地告诉我们,这本集子就是在租界里的亭子间写成的。郭沫若最早也在亭子间住过,他有篇小说就叫《亭子间中》,一开头这样写:"一座小小的亭子间,若用数量来表示时,不过两立方米的光景,北壁的西半有两扇玻窗,西壁的正中也有两扇。爱牟便在这两窗之间安了一座半老的方桌……这小小的一座亭子间便是爱牟的书斋兼寝室了。"其实住在亭子间的作家有很多,除鲁迅、郭沫若外,还有巴金、茅盾、丁玲、沈从文、丰子恺等,他们的文学被后人称为"亭子间文学",这是海上文坛独特的风景。

亭子间不是独立的房子,它是石库门的一部分,位于楼梯转角,狭小阴暗,常年不见阳光。当时住石库门的大班或律师大多将亭子间当作杂物间,或给女佣居住。上海开埠后,一时人口暴涨定居不易,沦陷后的生活更加窘迫,上海人习惯于"螺蛳壳里做道场",这也是环境所逼——厢房、天井、亭子间、客堂间全拿来出租。一时补伞的、修鞋的、二房东、白相人、算命先生、剃头师傅,统统挤进石库门成七十二家房客,写字的作家、画画的画家也置身其中,来海上谋生暂时有个落脚之地就挺不错了,哪能太讲究。上等的石库门就这样一天天被平民化乃至贫民化,形形色色的人物,五花八门的行当,生动地展现了老上海的市井百态,是上海这座城市中最能触动人心的生活场景,后人不会忘记。不能忘记的还有亭子间,它在文学史上留下大名,穷文人在这里写书办杂志,那些书籍和杂志日后都被记在文学史上。因此也可以这样说，亭子间庇护了海派作家和海派文化。当时亭子间创办的报刊杂志多到无以计数，有女性、电影、少年、文学、汽车、养生等十几类，数百上千种，外加无法统计的晚报、小报和出版社。报刊的空前繁荣不但诞生了许多像张爱玲这样以文为生的作家，也从精神上将上海从一个农耕的小城镇带入有世界格局与视野的现代大都会。

创办报刊成为一种新时髦

在这样空前绝后的文化背景下，文化人创办报刊杂志成为一种新时髦。可以靠其谋生，也可以作为一种雅玩，张爱玲身边越来越多地出现这种主办人，她的稿子一时成为抢手货。她的闺蜜苏青为了得到她的稿子，用低三下四的口气恳求她"叨在同性"的分儿上。

当时上海滩报刊成风，也是当局对报刊管制放任自由所致，发展到最后连普罗大众也开始张罗着赶这个时髦，张爱玲的弟弟张子静便是。当时上海滩报摊遍地开花，报刊杂志多如牛毛，在光华中学读书的张子静和同学邵光定有一天在街头闲逛，看到书报杂志突发奇念："别人都可以办杂志，我们何不也试试？"两人当即一拍即合，分头准备。

办杂志再到拿到发行执照，这个不太难，主要就是印刷厂的印刷费和稿子。稿子可以向作家去约，但是印刷费用昂贵，这每一期的印刷费是大头，由谁来出？正好继母的表侄张信锦在银行工作，薪水较高，又喜爱文学与电影。听到张子静的建议他相当高兴，马上表示他愿意出这笔钱。张子静高兴得跳了起来，和邵光定分头向名家约稿。张子静甚至还给这份杂志取名为《飙》。当时"孤岛上海"进入一个苦闷的时代，希望《飙》带来一阵暴风雨，洗刷人们苦闷的心灵。还决定封面的颜色第一期为红色，第二期为深蓝色。经过两人的一番努力，还真的约到了当时上海许多名家的稿，比如董乐山、施济美等人。但是张信锦仍然不满意，他对张子静说："你姊姊现在是上海滩最红的女作家，随便她写一篇哪怕只是几百字的短文，也可为刊物增色不少。"他的意思是张子

报刊杂志多如牛毛。

静应该向姐姐张爱玲约稿,这下触到张子静的痛处,他何尝不想向姐姐约稿,但是他深知姐姐的脾气,最后架不住张信锦一再劝说,才来到姐姐住的公寓,期期艾艾开了口。果然,张爱玲一口回绝:"你们办的这种不出名的刊物,我不能给你们写稿,败坏自己的名誉。"最后她好像有些过意不去,拿出自己的一张素描图说:"这个你们可以拿去作插图。"张子静早就习惯了姐姐对自己的态度,并不太生气,拿了图就走了。后来他写了篇文章《我的姊姊张爱玲》登在杂志上,还配了这张素描作插图。到底还是张爱玲名气大,杂志出版后,果然吸引了不少读者。他们接着又办了第二期。可是接下来张信锦不肯出印刷费,两期出完后杂志社就关门歇业了。

电灯照亮了上海滩

电灯的出现驱除了黑暗,带来了光明。1880年,在爱迪生点燃了全世界第一盏有实用价值的电灯后,仅仅相隔了3年,英国人立德尔购买美国制造的发电设备,在上海今天的南京路江西路北角(华东电业管理局)创办了中国第一家发电厂,并在外滩一带串接15盏电灯。夜幕下,炫人眼目的弧光灯吸引了成百上千的市民翘首围观。而当时中国大地上还一片漆黑，又过了5年，到1888年，帝都紫禁城内金碧辉煌的金銮殿才被一盏电灯照亮。这也是北京第一盏电灯，灯光将金銮大殿照得一片雪亮，满朝文武百官看得目瞪口呆，慈禧更是万分惊讶。直隶总督李鸿章扬扬得意，他黧黑的面庞被电灯照得油光可鉴，这第一盏电灯正是他从上海带来送给老佛爷的贡品。被摇摇欲灭的油灯烟熏火燎了几千年的中国，开始被全新的现代发明电灯所照亮。中国伸手不见五指的夜晚，开始有了五彩斑斓的霓虹灯，这是一种全新的生活，自然也是全新的开始。张爱玲这样说："我懂得怎么看'七月巧云'，听苏格兰兵吹 bagpipe，享受微风中的藤椅，吃盐水花生，欣赏雨夜的霓虹灯，从双层公共汽车上伸出手摘树巅的绿叶。在没有人与人交接的场合，我充满了生命的欢悦。"欣赏雨夜的霓虹灯，是张爱玲享受生命欢欣的理由。

霓虹灯后面有新奇、时髦的生活方式，张爱玲迷恋它并不奇怪，在香港的那些日子，她有时会去中环，看街上那些流光溢彩的人群，那些伸手可及的广告，还有变幻不定的、五颜六色的霓虹灯。有兴趣的时候，她会入迷地看美丽的维多利亚港湾，或是坐上叮当车，看司机用脚触动挂在车下的脚铃，听叮当车在岁月的沧桑中渐行渐远——这给了张爱玲奇异的感觉，这种感觉多半是上海生活留给她的都市印象：一入夜，五光十色的霓虹灯大放光彩，把上海滩装点成人间天堂，如果雨水再给霓虹灯抹上一层流动的色彩，那地上也流淌着斑斓的色彩，梦幻一样，令人着迷。张爱玲无法拒绝这五光十色，把它当成生命的欢欣之一。确实也是如此，电的出现才让大规模的工厂和产业工人同时出现，印刷机器才可以出现，大规模的印刷才得以完成，成千上万的报刊杂志才有可能出现在上海街头，也才能让张爱玲这样靠写作为生的作家成为一个群体。

为了满足上海人巨大的文化消费，上海的印刷业进入空前繁荣的时期。作为近代机器印刷工业的发祥地，上海早在清道光二十三年（1843）就开设了全国最早采用现代印刷术的墨海书局，替代传统的木

15

现在的南京东路118号，就是上海第一盏电灯点亮的地方。

版、石刻印刷。之后30年中，外国《字林西报》中文版、英商《申报》和中美人士合办的《新闻报》相继在上海问世。尤其是"洋务运动"和"戊戌变法"期间，中国人"提倡新学、效法西夷"的改革潮流强烈地冲刷上海古城，鼓吹维新、崇尚科学成为潮流，一时申沪报馆和书局蜂拥而起，国外印刷机械大量进入上海。为了印刷更加精美的画报，当时海上诗人邵洵美动用了老婆盛佩玉的私房钱向德国购买了当时世界上最先进的全套影写版印刷机，创办了时代印刷厂。这台影写版的印刷机是中国境内第一台影写版印刷机，新中国成立后它被人民政府征购，用它来印刷《人民画报》。

电是一个开始，仿佛开启了阿里巴巴藏宝之门一样，上海由此进入一个全新的文明世界：从一个封闭的农耕小城成为世界级的大都会。是文化提升了它。具体来说，是无数种报刊杂志、文人作家和文学流派、政治团体的集体呈现。第一台影写版印刷机购买者邵洵美一生做的就是这样的事业，难以想象，如果上海滩没有了邵洵美，没有了《新月》、《时代画报》、《诗刊》、《万象》、《论语》、《自由谭》、时代图书公司、第一台影写版印刷机，海上文坛该是多么寂寞？它又怎么配得上"十里洋场"这样的称呼？又怎么吸引无数文化人跋山涉水千里迢迢地投奔到它的怀抱？邵洵美至少在中国出版史上破了几个纪录：创办《银灯》，这是中国电影刊物之始；创办《上海夜报》，这是中国晚报之始；第一台影写版印刷机，开创了中国印刷全新的时代。

不能不提到"海上孟尝君"邵洵美

提起上海的书刊印刷业，不能不提到"海上孟尝君"邵洵美。张爱玲曾去拜访过邵洵美，在小说《小团圆》中，向璟的原型就是邵洵美，张爱玲与邵洵美有亲戚关系，要细说起来，这亲戚关系有点乱：邵洵美的亲妈，也就是邵恒的老婆叫盛樨蕙，是盛宣怀的四女儿，邵洵美就是盛宣怀的外孙子。而他的老婆叫盛佩玉，又是盛宣怀长子盛昌颐的女儿。因为他一出生就过继给了伯父邵颐和李鸿章弟弟李昭庆的女儿。张爱玲称李鸿章为曾外祖父，这拐弯抹角的亲戚关系细细理清头绪，论辈份张爱玲称邵洵美为表叔。

张爱玲的这位表叔当年可算海上文坛数一数二的大人物，为了书报出版印刷他挥金如土、一掷千金，几乎上海滩所有的作家都围绕在他的身边如众星捧月。当时上海的画家鲁少飞画了一幅后来著名的漫画"文坛茶话图"，发表在《六艺》杂志创刊号上。鲁少飞在漫画下端有一大段文字："大概不是南京的文艺俱乐部吧，墙上挂的世界作家肖像，不是罗曼·罗兰，而是文坛上时髦的高尔基同志和袁中郎先生。茶话席上，坐在主人地位的是著名的孟尝君邵洵美，左面似乎是茅盾，右面毫无问题的是郁达夫。林语堂口衔雪茄烟，介在论语大将老舍与达夫之间。张资平似乎永远是三角恋爱小说家，你看他，左面冰心女士，右面是白薇小姐。洪深教授一本正经，也许是在想电影剧本。傅东华昏昏欲睡,又好像在偷听什么。也许是的,你看,后面鲁迅不是和巴金正在谈论文化生活出版计划吗?知堂老人道貌岸然,一旁坐着的郑振铎也似乎搭起架子,假充正经。沈从文回过头来,专等拍照。第三种人杜衡和张天翼、鲁彦成了酒友,大喝五加皮。最右面,捧着茶杯的是施蛰存,隔座的背影,大概是凌淑华女士。立着的是现代主义的徐霞村、穆时英、刘呐鸥三位大师。手不离书的叶灵凤似乎在挽留高明,满面怒气的高老师,也许是看见有鲁迅在座,要拂袖而去吧?最上面,推门进来的是田大哥,口里好像在说:'对不起,有点不得已的原因,我来迟了。'露着半面的像是神秘的丁玲女士,其余的,还未到公开时期,恕我不说了。左面墙上的照片,是我们的先贤、计开、刘半农博士、徐志摩诗哲、蒋光慈同志、彭家煌先生。"

《文坛茶话图》好比是20世纪30年代上海文坛的集体照,众多名家围坐一堂,品茗座谈,几乎将海上作家一网打尽:邵洵美、茅盾、郁达夫、林语堂、老舍、张资平、冰心、白薇、洪深、傅东华、鲁迅、巴金、周作人、郑振铎、沈从文、杜衡、张天翼、鲁彦、施蛰存、凌叔华、徐霞村、穆时英、刘呐鸥、叶灵凤、高长虹、田汉、丁玲、刘半

鲁少飞的《文坛茶话图》。

海上孟尝君邵洵美。

农、徐志摩、蒋光慈、彭家煌。他们围绕在邵洵美身边,只为两条:写作,挣钱。哪位作家想发表作品,找邵洵美。哪位作家没有饭吃,找邵洵美。办报刊没钱,找邵洵美。杂志办不下去,也去找邵洵美。

　　文人章克标创办了著名的杂志《狮吼》,三年来一会儿无钱购纸张,一会儿没有印刷费,办办停停,停停办办。先是半月刊,最后连一月一期都保证不了,终于停刊。邵洵美说:"好好的怎么说停就停了呢?"章克标叹口气:"叫我怎么说呢?还不是缺少孔方兄嘛,没钱,你说我们怎么往下维持?"邵洵美突然说:"不就是钱吗?我来出好了,我们再让《狮吼》起死回生,我愿意和你们合办。我没有别的要求,只是将《狮吼》交由我们金屋书店来出版就行,有关财务我们全包了。"章克标喜出望外,为了表示庆贺,邵洵美将新一期杂志命名为"复活号"。

　　帮助《狮吼》对邵洵美来说只是一个开始,如果说海上文坛是一艘航行在大海上的轮船,那邵洵美就是一个舵手的角色——不理解邵洵美,你就无法理解当年的报刊业,因为他是一个绝对重要的核心人物。

19

海上文坛出现的任何事情，他不可能坐视不管。就在"狮吼"再吼不久，新月书店经理、徐志摩的小舅子张嘉铸来找邵洵美，哭丧着一张脸。一问得知新月书店不景气，一直亏本，眼看着保不住了。邵洵美冲徐志摩发火："'新月'是海上明月，'新月'落了，不是你徐志摩的耻辱，也不是我邵洵美的耻辱，是整个上海的耻辱。"邵洵美二话不说，斥巨资把新月书店盘下来，同时接任书店经理，亲自过问业务。此举引得海上文坛一片叫好，后来凡杂志难以为继的，就会有人说"去找邵洵美"。邵洵美成了海上文学的一根救命稻草。

时隔不久，又一家杂志向邵洵美求援，这是邹韬奋主编的《生活》周刊。《生活》周刊在当时影响很大，由于言论越轨，被当局查禁。当时《生活》周刊一向由邵洵美的时代印刷厂印刷，拖欠印刷费是常有的事。但是邵洵美从不计较，只要与文化有关，他向来倾力相助。这一次不同往常，这一次《生活》周刊要停办，一大笔印刷费该如何处理？看着邹韬奋的苦眉愁脸，邵洵美挥挥手："算了算了，新账老账一笔勾销。"话说到这个份儿上，邹主编还是没有笑脸。邵洵美问他："还有什么困难吗？"邹韬奋说："编辑部七八个同仁，好几位都是拖家带口，现在发不出解散费，他们连回家的路费都成问题。"邵洵美说："包在我身上好了，你先回去，我马上派人送钱去。"邵洵美当即让家人送三百元大洋到《生活》周刊，给他们作生活费和各寻出路的路费。

《生活》周刊关了门，很多读者无所适从，邵洵美决定给《生活》翻开新的一页，创办一份取代《生活》周刊的杂志《人言》，请来林语堂、潘光旦、章克标、陶亢德、胡适、郁达夫等人加盟。他在《人言》发刊辞中说："大家总感到现在缺少了一种可以阅读的周刊吧，《人言》就是想弥补这个缺陷的。我们有许多话想说，大家一定都有许多话想说，因为这是一个可以令人感慨的时代。我们大家都是人，无疑地要说人说的话，所以周刊定名为'人言'。很明白地说，'人言'就不是鬼话。"

要问邵洵美创办了多少种杂志？难以计数，从1928年到1950年，他几乎将全部的精力投入出版事业中，也将千万家产毫不吝啬地投入进去。他先后经营过金屋书店、第一出版社、上海时代图书公司，办过《狮吼》、《金屋》、《新月》、《时代画报》、《时代漫画》、《时代电影》、《诗刊》、《文学时代》、《万象》、《论语》、《十日谈》、《人言》、《声色画报》、《自由谭》、《天下》等刊物。漫画家黄苗子说："如果没有邵洵美的《时代漫画》，中国的漫画无法想象。"那么也可以这么说："没有邵洵美的《诗刊》，中国的新诗无法想象。"更可以说："如果没有《论语》，中国的小品文写作无法想象。如果没有邵洵美，海上文学中国现当代文学不可想象。"

邵洵美半生办报刊搞出版，虽然对文化倾家荡产倾心尽力，但是做的却全是赔本买卖，以至赔光了自己的万贯家产。他主办的所有杂志，只有一本《论语》让他赚了钱。但是赚钱或亏本他从来不以为意，如果为赚钱，他守着祖传的老宅子，去做祖传的生意好了。他办报刊、搞出版为的是传播文化，拿祖传下来的金山银山传播科学真知，而且他做的全都是不惜一切代价的大手笔：1936年，他出版了一套《时代科学图画》丛书，在"编辑缘起"中他说："今日中国人所需要的绝对不是'迷信'和'复古'一类的东西，而是科学知识的介绍。因此本公司根据时代的要求，数年以来曾搜集世界科学名著数百册，并聘请专家执笔，将一般的科学知识，用简洁的文字、有系统的写真，编译而成《时代科学图画》丛书，计有《现代战争的秘密》、《航空的秘密》、《科学的秘密》、《生物的秘密》、《山海的秘密》及《显微镜里的秘密》等六大厚册，贡献给

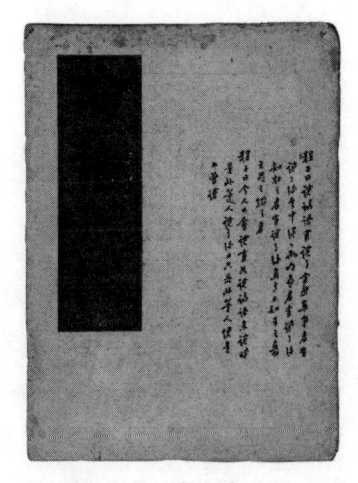

唯一赚钱的杂志《论语》。

我们这极其渴望地要产生科学头脑的社会。"另外一件大事就是在别人看来愚蠢之极的行为，主编《新诗库》，为所有的新诗诗人每人出版一本诗集，第一年就出版了十种：《玮德诗文选》、《一切的顶峰》、《梦家诗存》、《蝙蝠集》、《诗二十五首》、《永言集》、《龙涎集》、《海上谣》、《二十岁人》、《太湖集》。

催生了一大批"小姐作家"

上海滩繁华摩登，社会包容又开放，报刊出版业空前繁荣，催生了一大批"小姐作家"。因为许多知书达礼的大家闺秀家里都订阅了大量报刊，小姐们读着读着，禁不住提笔给报刊写稿。写着写着，一不留神就成了女作家。写作，在那个时代是件很摩登的事，战争的硝烟黯淡了这座庞大都会的五彩霓虹，给这里的人们带来深重的灾难，但同时也用它的繁华摩登、光怪陆离的乱世背景，培养了一群摩登的"小姐作家"。

当时上海滩有一位叫陶岚影的小姐，写了一篇名为《闲话小姐作家》的文章，刊登在十分畅销的大众文学杂志《春秋》上，用极其幽默闲适的笔致，如数家珍地盘点了当时活跃在海上文坛的女作家：张爱玲、施济美、俞昭明、施济英、汤雪华、程育真、杨琇珍、邢禾丽、郑家瑷、练元秀、马笑侬、李宗善、江泓，当然还有她自己陶岚影。"小姐作家"在创作上各具特色，施济美擅长描写知识女性的爱情生活、职场境遇。她的爱情小说当年风靡校园，文笔极为圆熟，虽然略带学生腔和新文艺腔。汤雪华更具有小说家的天分，当年她以笔名"东方珞"在《紫罗兰》杂志上发表《郭老太爷的烦闷》，引得主编周瘦鹃大喜之余在杂志上向读者卖关子："凡是男性的读者，读了此篇，一定会忍俊不禁，心想我们的心理，怎么都给作者体会出来的？但我要偷偷地告诉您，这位作者却并不是男性而偏偏是女性，以一女性而能体会男性的心理如此透彻，真是一个奇迹！至于这位女作家是谁，那么天机不可泄露，恕我不奉告了。"程育真的"圣歌"式的宗教情怀，练元秀的俏皮慧黠也都令人刮目相看。

　　针对上海滩的"小姐作家"现象,《新中国报社》在1944年春天召开了一次女作家座谈会。上海当时小有名气的女作家都参加了,像汪丽玲、吴婴之、蓝业珍等等,报上经常吹捧的四大才女张爱玲、苏青、关露、潘柳黛自然也齐齐出席。张爱玲和苏青都熟悉的谭正璧不是女作家,但他是《中国女性文学史》的作者,也是这次座谈会的发起人。会议地点就在《新中国报》社那幢老洋房的门前,台阶上散落着十几把藤椅,正是初春,院子里树正在萌发新叶,大家沐浴在初春的阳光中,吃着瓜子和花生,喝着绿茶,随意地谈着文学与人生。

　　彼时的上海,随着城市的沦陷,主流作家纷纷撤离,原本作为新文学运动中心的上海,此时却变成了一座文学的荒城。曾经热火朝天的民族、革命等话语和题材完全被日本人的监狱和宪兵队所隔绝,然而这被强力扭结而成的文化禁区,却带来了一种新的"自由"——人们可以自由地书写私人的感受、爱情和两性关系,只要不涉及政治,谈古论今,

潘柳黛,"小姐作家"之一。

说东道西，文章尽可以发表。对于上海的读者来说，鸳鸯蝴蝶、风花雪月原本就是他们喜爱的口味，而孤岛生活的惶恐心态，更加剧了这种趣味倾向。于是，在这座海上孤城中，不谈政治和少谈政治的纯文学作品成为最流行的文学风潮，人们有大把的时间消磨在对爱情和人情世故的消费之上，高压下的生活似乎也别无出路，就像张爱玲在《封锁》中描写的那样，戒严了，人们的身体无法自主，心在短短十几分钟之内却还可以自由出轨妄想一下。

而情感，这恰是女人的强项，对于女人来说，情感永远是生命第一位的，她们对人性、人情、人事、人心的挖掘天生具有卓越的天赋，远远超出对政治的兴趣。文学主流的中断反倒给她们提供了天马行空、游走文坛的大好机会，此时诞生的女作家就像骑在马背上的拿破仑，原本在文学创作上人生经验相对局限的缺憾，却因为时代背景的转换，而微妙地得到弥补。于是，张爱玲、苏青、施济美、汤雪华——这些在当时还算文坛新秀的女孩子，却成为上海闻名遐迩的作家，一代年轻人的文学偶像。这些诞生在孤岛上的女作家们，是特殊而复杂的一辈。她们对自身价值的认可既不像传统的女性依附于家庭，也不像"五四"以来的新女性依附于革命，更重要的是她们尽可以忠实于自己的文学趣味和人生理想自由地表达。

一大群婀娜多姿的"小姐作家"中，以张爱玲、苏青、潘柳黛、关露名气最大。而这四大海上才女中，只有张爱玲最终一红惊天。

畅销书的前提：文化滥觞

张爱玲说："第二个印象是上海人之'通'。香港的大众文学可以用脍炙人口的公共汽车站牌'如要停车，乃可在此'为代表。上海就不然了。初到上海，我时常由心里惊叹出来：'到底是上海人！'我去买肥皂，听见一个小学徒向他的同伴解释：'喏，就是"张勋"的"勋"，"功勋"的"勋"，不是"薰风"的"薰"。'"一个小学徒能将较生僻的字与词解释得如此准确生动，完全得益于海上文化的普及与滥觞，所以连张爱玲也不得不佩服，发出如此惊叹："到底是上海人！"她继而解释原因："上海人是传统的中国人加上近代高压生活的磨练。新旧文化种种畸形产物的交流，结果也许是不甚健康的，但是这里有一种奇异的智慧。"

　　有了这样的文化背景与大众基础，再加上报刊杂志的繁荣与印刷工业的发达，一种史无前例的阅读模式便出现了：畅销书。畅销书的前提是文化滥觞，这种方式在民国之前不可能出现，雕版印刷让线装书成为珍稀物品难以普及，农耕时代的老牛拖破车让运输成为艰难无比的苦差，遍地目不识丁的文盲也让阅读成为极少数士大夫才能拥有的奢侈。上海开埠后封闭的文化格局被打破，一本接一本的畅销书风行一时。张爱玲与苏青是其中的佼佼者，张爱玲的《传奇》与《流言》出版后，在上海一时洛阳纸贵，上市四天即脱销，以后再版无数次。张爱玲对于成名极度渴望，在再版序言中虽然也在念叨着"惘惘的威胁"，落笔处也少不了"凄哀"的字样，但是内心的一份狂喜是无法掩饰的："以前我一直这样想着：等我的书出版了，我要走到每一个报摊上去看看，我要我最喜欢的蓝绿的封面给报摊子上开一扇夜蓝的小窗户，人们可以在窗口看月亮，看热闹。我要问报贩，装出不相干的样子：'销路还好吗？——太贵了，这么贵，真还有人买吗？'呵，出名要趁早呀！来得太晚的话，快乐也不那么痛快。最初在校刊上登两篇文章，也是发了

张爱玲第一次提笔写下"天才梦"，参加《西风》文学杂志有奖征文，后来获奖作品集出版，取名为"天才梦"。

疯似的高兴着，自己读了一遍又一遍，每一次都像是第一次见到。就现在已经没那么容易兴奋了。所以更加要催：快，快，迟了来不及了，来不及了！"

一红惊天之后的张爱玲得意而张狂，奇装炫人又拒人于千里之外。女作家潘柳黛说："如果她和你约好是下午三点钟到她家里来，不巧你若时间没有把握准，两点三刻就到了的话，那么她即使来为你应门，还是照样会把脸一板，对你说：'张爱玲小姐现在不会客。'然后把门'嘭'地一声关上……万一你迟到了，三点一刻才去，那她更会振振有词地告诉你：'张爱玲小姐已经出去了。'如果是接待朋友，包括很熟悉的朋友，她也正正式式打扮好，可见对约定之事的重视与责任感。她对讨厌的人可以熟视无睹，并坦然地说，我不认识她。"当时的作家傅雷看不惯，以迅雨为笔名写文章批评她，结尾处说："宝石镶嵌的图画被人欣赏，并非为了宝石的彩色。少一些光芒，多一些深度，少一些词藻，多一些实质，作品只会有更完满的收获。多写，少发表，尤其是服

《苦竹》杂志封面。

以/文/为/生

张爱玲常德公寓楼下的老信箱至今仍在,张爱玲的信箱是哪一格?

侍艺术最忠实的态度。(我知道作者发表的决非她的处女作,但有些大作家早年废弃的习作,有三四十部小说从未问世的纪录。)文艺女神的贞洁是最宝贵的,也是最容易被污辱的。爱护她就是爱护自己。一位旅华数十年的外侨和我闲谈时说起:'奇迹在中国不算稀奇,可是都没有好收场。'但愿这两句话永远扯不到张爱玲女士身上!"张爱玲为了回击他,迅速出版了她的新作《传奇》,再次在海上文坛掀起狂飙巨澜,读者疯狂追捧,直至将她捧为明星式的女作家。

平生第一次赚钱,就是稿费

张爱玲毫不掩饰自己很爱钱,生平第一次赚的钱就是稿费:"生平第一次赚钱,是在中学时代,画了一张漫画投到英文《大美晚报》上,报馆里给了我五块钱。"

这五块钱稿费其实可以看作张爱玲职业的起点,她后来说:"我不必做记者、编者什么的,我只需给报馆写稿好了。"她就这样自然而然成为靠稿费谋生的人,对自己的职业看得很清楚,她说:"苦虽苦一点,但我喜欢我的职业。'学成文武艺,卖与帝王家';从前的文人是靠着统治阶级吃饭的,现在情形略有不同,我很高兴我的衣食父母不是

27

'帝王家'而是买杂志的大众。不是拍大众的马屁的话——大众实在是最可爱的顾主，不那么反复无常，'天威莫测'；不搭架子，真心待人，为了你的一点好处会记得你到五年十年之久。而且大众是抽象的。如果必须要一个主人的话。当然情愿要一个抽象的。""买杂志的大众"就是读者，读者是作家的衣食父母，张爱玲一针见血。

胡适在书信中提到，当时上海的商务印书馆请名家写稿，千字稿费是三到五块大洋。鲁迅在上海有很长一段时间就靠撰稿为生，他说，近来的文稿不值钱，千字最低只有四五角，最高的也只有三块大洋。鲁迅的话佐证了胡适的话，千字稿费有三到五块钱，但那是鲁迅这样的名家的稿费，最低的只有四五角钱，大概那是文学青年的价格。1929年，在文坛已经小有名气的沈从文就住在上海写小说，千字三块大洋，稿费算是相当不错了，但是还没有成名的女作家丁玲却没有这么好运气，当时她在北京写小说，她的希望是："每月可以写出三万字文章，得到三十块钱。"换句话说，她那时候的稿费还不到千字一块大洋，比鲁迅所说的最低稿费提高了一倍，这种稿费标准符合当时丁玲的身价。1925年，21岁的丁玲和22岁的胡也频在北京西山寺下面的一个村庄同居，丁玲后来回忆道，她曾经花七块银圆买了两段棉布、两斤棉花，亲手为胡也频缝制了一件棉袄袍。但是做得嫌小了，只好送到当铺换了四块钱，重又买了一块钱新棉花，拆开胡也频一件旧棉袍塞进了棉花，缝制以后凑合着过了一个冬天。有次他们只剩余一块银圆，正好来了客人，就用这一块银圆办了一桌丰盛的晚餐，第二天丁玲和胡也频徒步40里进了北京城找朋友借钱。

即便生存不易，靠稿费为生的作家们的收入还是远远高过普通百姓，从老舍的小说、冰心的日记得知，当时在京广沪等一线城市，人力车夫月收入有十块大洋左右，中小学教师月收入有三十块大洋，而保姆和老妈子月工资只有三块大洋。而老舍在青岛写短篇小说，冰心在旅途中写《寄小读者》，每月稿费都在两百块以上。也就是说，作家们卖文为生的收入远远高过普通老百姓。作为畅销书作家的张爱玲稿费就更高，早在上海沦陷期间，有记者采访张爱玲及苏青，询问她们的生活状况。那时候张爱玲每月稿费折合银圆在四百五十块左右。而在当时的上海，八块大洋可买一石大米（重一百六十市斤），说明张爱玲每月稿费可以买到九千斤大米，一个月的收入可以抵得上保姆十年的佣金，差距之大令人咋舌。以现代人的眼光看来，当时的物价相当便宜，这从《鲁迅日记》中可以看出。他和郁达夫、许寿裳等好友聚餐，到一家中档饭铺叫一桌两块银圆的便席，菜有：四个装满熏鱼、酱肉、香肠、松花蛋的冷拼盘，每盘五分。四个炒菜是熘里脊、鱼香肉片、辣子鸡丁、炒牛肉丝，每大盘一角。四大盘多为米粉肉、四喜丸子、红烧鱼块、扣肉等，每碗两角。一大件是一个红烧肘子，或一只白煮整鸡，加一大海碗肉汤，合六角。这一桌菜相当丰盛，十个人是吃不完的，平均每人只均摊两角，合今天的人民币八块钱。物价如此便宜，所以作家凭稿费生活得相当阔气，所以鲁迅才可以在北京买下那么大的四合院。张爱玲的收入比不上鲁迅，而且除了当红那段时间外，她也不能保证每个月的收入达到四五百块大洋。所以她将钱看得很重，她说："我喜欢钱，因为我没吃过钱的苦——小苦虽然经验到一些，和人家真吃过苦的比起来实在不算什么——不知道钱的坏处，只知道钱的好处。"

　　解放后，张爱玲仍然留在大陆继续作自由撰稿人，这时候国内环境发生了根本性的改变，稿费标准飞速下滑，报刊杂志也极度萎缩，整个上海只有一家民营小报《亦报》，连载她的小说《十八春》。《十八春》由《亦报》自办的出版社结集出版，首印只有两千五百册，就这么少的印量还出现了滞销，这跟民国时期她的小说一上市就被抢购一空的景象形成了强烈的反差。靠写作在上海已完全没办法生活下去，这恐怕是张爱玲远赴海外的重要原因之一。

第二章

世 / 界 / 格 / 局

"上海人是传统的中国人加上近代高压生活的磨练。新旧文化种种畸形产物的交流,结果也许是不甚健康的,但是这里有一种奇异的智慧。"

——张爱玲

公寓是最合理想的逃世的地方

张爱玲说:"公寓是最合理想的逃世的地方。厌倦了大都会的人们往往记挂着和平幽静的乡村,心心念念盼望着有一天能够告老归田,养蜂种菜,享点清福。殊不知在乡下多买半斤腊肉便要引起许多闲言闲语,而在公寓房子的最上层你就是站在窗前换衣服也不妨事!"用谐趣的手法来夸赞公寓,这是张爱玲的习惯之一,她说的确实也是事实:这是现代文明的好处之一,你如果想逃世,大不必住到人稀地偏、交通不便的桃花源去,只需要带上换洗衣服乘上电梯住进公寓就可以,公寓是最合理想的逃世之地。

这当然是拜西风东渐的现代文明所赐,从前农耕时期的中国哪里有这么好又不怎么占地的高楼:房间里水电煤卫齐全,那样宽大奢侈的卫生间,二十四小时供应热水,还有那吐着蓝菊花一样的煤气灶,卫生、方便、干净。入口处有电梯,免去爬楼之苦。木门一关,你过你的日子,免去任何人的打扰,这样史无前例的房子对张爱玲来说简直是理想的天堂。上海的世界格局就表现在这里:在中国境内最早开始建设成片的公寓小区。这种带电梯和卫浴的公寓差不多在一百多年之后才在中国内地开始普及。张爱玲被人称为"公寓作家",先后住过常德(爱丁顿)公寓、长江公寓、开纳公寓、重华新村,她曾经写过一篇活泼俏皮的文字《公寓生活记趣》,历数公寓几大好处:一是最合理想的逃世的地方,二是多买半斤腊肉也不会引起邻居许多的闲言闲语,三是住在最上层你就是站在窗前换衣服也不妨事。如果还想寻找一条,便是可以听到市声。张爱玲说:"我喜欢听市声。比我较有诗意的人在枕上听松涛，听海啸，我是非得听见电车声才睡得着觉的。"而只有在公寓楼上市声才听得真切，对此张爱玲也不明白，"常常觉得不可解，街道上的喧哗，六楼上听得分外清楚，仿佛就在耳根底下，正如一个人年纪越高，距离童年渐渐远了，小时的琐屑的回忆反而渐渐亲切明晰起来"。当然张爱玲在这里又玩弄了她的谐趣之笔，她如此喜欢公寓，最主要的原因是公寓住户之间老死不相往来，这一点最合她的心意。在公寓，主人不想见你，就没有一点办法，在楼下喊破喉咙也无用，他不答应，你就以为他不在家。

公寓的好处是既避世又入世，因为你可以坐在阳台和屋顶花园上眺望尘世。张爱玲和女友炎樱经常在阳台上拍照，或者她独自一人坐在阳台上眺望上海滩，这样的感觉相当不错。她说："恐怕只有女人能够充分了解公寓生活的特殊优点：佣人问题不那么严重。生活程度这么高，即使雇得起人，也得准备着受气。在公寓里'居家过日子'是比较简单的事。找个清洁公司每隔两星期来大扫除一下，也就用不着打杂的了。没有佣人，也是人生一快。抛开一切平等的原则不讲，吃饭的时候如果有个还没吃过饭的人立在一边眼睁睁望着，等着为你添饭，虽不至于使

张爱玲居住多年的常德公寓（原名：爱丁顿公寓）。

人食不下咽，多少有些讨厌。"当然，公寓也有令人厌烦的地方："屋顶花园里常常有孩子们溜冰，兴致高的时候，从早到晚在我们头上咕滋咕滋锉过来又锉过去，像瓷器的摩擦，又像睡熟的人在那里磨牙，听得我们一粒粒牙齿在牙仁里发酸如同青石榴的子，剔一剔便会掉下来。隔壁一个异国绅士声势汹汹上楼去干涉。他的太太提醒他道：'人家不懂你的话，去也是白去。'他揎拳掳袖道：'不要紧，我会使他们懂得的！'"

当时上海滩的高楼大厦如雨后春笋，屋顶建花园是时尚，据说上海最早的屋顶花园是南京东路上的新舞台，在屋顶上建了个玻璃棚，用小电梯将客人送上去观光。先施公司的屋顶花园才是真正的"花园"，屋顶上摆满了鲜花，还附设游戏，收门票四角，并取了一个名字叫"新新花园"，一时引得游人如织。作为竞争对手的永安公司也不甘落后，也造了个"天韵楼"。一到夏天，这些屋顶花园生意奇好，成了市民夜晚消暑纳凉的好去处，被称为"夜花园"。私家也开始建造，那个因被歹徒绑票而轰动上海的棉纺、面粉大亨荣德生，他的宅邸里就有屋顶花园，从一侧的楼梯上去，是一个简直可以当作大舞厅的屋顶空间，荣德生和家人、亲友常在这里开舞会，衣香鬓影歌舞升平，令人想起好莱坞电影里那些大亨们奢华的花园派对。上海造屋顶花园成风，坐电梯到屋顶花园看上海滩西洋景，在市民中成为时髦的活动，年轻的情侣也喜欢手牵手到屋顶花园上"扎台型"，很多故事就在屋顶花园里发生，老上海哄传一时的妓女凶杀案也发生在泰山公寓屋顶花园。

张爱玲出洋后一直选择居住在公寓，这时候的她成了一位狂热的纸条爱好者，"张迷"水晶先生找到张爱玲居住的柏克莱公寓想要拜访，张爱玲坚持不开门，甚至连她在美国唯一的担保人林式同来公寓她亦不见，理由是她住的是一室户，没有客厅，不便见客。水晶打电话张爱玲亦不接，他只得从门缝塞入纸条，然后离开。他站在杜伦特大街上，透过密集的法国梧桐眺望张爱玲的窗户——多年以后，在他坚持不懈的努力下，他如愿以偿进入张爱玲的公寓，"她的起居室有如雪洞一般，墙

张爱玲在海外居住过的公寓楼。

上没有一丝装饰和照片，迎面一排落地玻璃长窗"。"张女士的起居室内，有餐桌和椅子，还有像是照相用的强光灯泡，唯独缺少一张书桌，这对于一个以笔墨闻世的作家来说，实在不可思议。我问起她为什么没有书桌。她回说这样方便些，有了书桌，反而显得过分正式，写不出东西来……不过，她仍然有一张上海人所谓的'夜壶箱'，立在床头。她便在这张夜壶箱上，题写那本她赠送给我的英文书《怨女》。"

张爱玲的公寓"如雪洞一般"，这是一个生动的比喻。陈丹燕某次骑自行车经过张爱玲居住的常德公寓，她说："那栋老公寓被刷成了女人定妆粉的那种肉色"——是的，张爱玲曾在这里盛妆出行，后来又卸妆离去。憔悴多年的常德公寓现在特地为张爱玲又重新换上当初的深米黄色，也算是给张爱玲补上一层残妆……

坐在家中抽水马桶上读小说

坐在家中抽水马桶上读小说，这对当时的中国内地人来说，是不可想象的事，但是在张爱玲时代却早已成为不值一提的生活小事。张爱玲说："《小说月报》上正登着老舍的《二马》，杂志每月寄到了，我母亲坐在抽水马桶上看，一面笑，一面读出来，我靠在门框上笑。"

抽水马桶当然是从欧洲传入的西方文明,由英国一位传教士约翰·哈林顿发明,他于1584—1591年间设计出了世界上第一只抽水马桶。几年后,伦敦的钟表匠亚历山大·卡明改进了哈林顿的设计,发明了一种阀门装置,研制出冲水型抽水马桶,首次获得了专利权。随后,英国议会通过了《公共卫生法令》:凡新建房屋、住宅,必须备有厕所以及安装抽水马桶和存放垃圾的地方。这就为抽水马桶技术的发展提供了条件。1889年,水管工人托马斯·克拉普改进了冲洗式抽水马桶的部件。这种马桶采用储水箱和浮球,结构简单,使用方便。从此,抽水马桶的结构形式基本上定了下来。它的出现对城镇供水排污系统提出很高的要求,在当时的中国,也只有上海与北京等极少数城市能满足这种要求,所以它只能出现在这些少数城市中。

当时即便在上海,抽水马桶也只出现在租界社区,并没有普及,更多的市民使用的仍然是"夜壶箱",倒马桶成为上海一景。打小在上海长大的张爱玲对这种生活也颇为熟悉,她笔下就有对掏粪车的精彩描写:"她翻来覆去,草席子整夜沙沙作响,床板咯咯响着。她不知道什么时候睡着了,一会又被黎明的粪车吵醒。远远地拖拉着大车来了,木轮辚辚在石子路上碾过,清冷的声音,听得出天亮时候的凉气,上下一色都是潮湿新鲜的灰色。时而有个夫子发声喊,叫醒大家出来倒马桶。"弄堂里这么一响,石库门里各家各户的佣仆也都醒了,前楼娘姨、后楼好婆、亭子间嫂嫂、灶披间表婶,都张开惺忪的睡眼,穿了睡衣裳,趿了布拖鞋,纷纷提着马桶就出了门去。"她嫂子起来了,她姑娘家不能摸黑出门,在楼梯口拎了马桶下去,小脚一掤一掤,在楼梯板上落脚那样重,一声声隔得很久,也很均匀,咚——咚——像打桩一样。跟着是撬开一扇排门的声音。在这些使人安心的日常的声音里,她又睡着了。"

这个在粪车嘈杂声音中又睡着了的人当然是张爱玲,倒马桶的事轮不上她,家里有何干,还有疤丫丫——这时候弄堂里最热闹的就是粪车

老上海时代，粪霸控制着的掏粪工。

周围，平时老死不相往来的，这时候也得衣着暴露地"坦诚相见"。马桶倒了还得用竹刷子刷——上海那时虽有东方巴黎之称，但绝大多数的弄堂房子里都没有抽水马桶。倒完马桶，女人们就把空桶洗刷干净，竹条制成的刷子，碰着木桶，那种细碎的琐屑的特有的声响，应该是老上海的黎明晨曲。

抽水马桶是与热水汀并列出现的，它们就是卫浴系统的统称。卫浴系统的出现给中国人的生活带来舒适与惊喜，在它的背后，必须有一个高度协调与发达的工业文明——比如电力、自来水的供应，比如一个社会服务系统等等。所以张爱玲说："自从煤贵了以后，热水汀早成了纯粹的装饰品。构成浴室的图案美，热水龙头上的H字样自然是不可少的一部分。"

从老照片上看张爱玲常德公寓的浴室，高大、宽敞，中间一个高高的浴缸，人泡在里面还可以面对墙壁上的大镜子，温暖又舒适。所以煤贵了以后热水汀不能使用，张爱玲特别不适应，她说："如果你放冷水而开错了热水龙头，立刻便有一种空洞而凄怆的轰隆轰隆之声自九泉之下发出来，那是公寓里特别复杂、特别多心的热水管系统在那里发脾气了。即使你不去太岁头上动土，那雷神也随时地要显灵。无缘无故，只听见不怀好意的'嗡……'拉长了半响之后接着'訇訇'两声，活像飞机在顶上盘旋了一会，掷下两枚炸弹。"热水汀久弃不用，就有人打起了主意，"今天早上房东派了人来测量公寓里热水汀管子的长度，大约是想拆下来去卖。我姑姑不由的感慨系之，说现在的人起的都是下流的念头，只顾一时，这就是乱世"。

衡量一个国家的文明程度，看其卫生间——热水汀与抽水马桶的出现，表明老上海的生活已经进入现代文明。作为贵族后裔，张爱玲成为最早享受文明生活的一小部分人，她可以安静地坐在抽水马桶上读小说，也可以安心地使用热水汀，甚至于上下楼梯，她也可以乘坐饰有"人字图案的铜栅栏"的电梯，享受电梯工职业化的彬彬有礼的服务："我们的开电梯的是个人物，知书达理，有涵养，对于公寓里每一家的起居他都是一本清账。""他拒绝替不修边幅的客人开电梯。他的思想也许缙绅气太重，然而他究竟是个有思想的人。"——现代文明的生活，造就了老上海一代现代、文明的职场人士，他们最早与国际规范接轨。

作为装饰品的热水汀属于姑姑，坐着读小说的马桶则属于母亲，所有的这一切都属于老上海——于张爱玲来说，老上海的辰光，那是最幸福的时光。因为有公寓，那是她"身体的避难所"。

有一天能开着无线电睡觉

在张爱玲笔下，上海中产人家的卧室是这样的布置："这时候出来一点太阳，照在房里，像纸烟的烟的迷迷的蓝。榻床上有散乱的彩绸垫子，床头有无线电，画报杂志，床前有拖鞋，北京红蓝小地毯，宫灯式的字纸篓。"——这是一个杂乱而真实的、与国际接轨的海派人家。

民国十一年（1922），美商奥斯邦在老上海广东路大来洋行屋顶上安装了第一座无线广播电台，无线电开始在上海市民家中出现，并成为新时髦，一架摆放在床头的无线电收音机，会让来客羡慕不已。张爱玲在《花凋》里写郑先生一家，热热闹闹在吃饭，只有川嫦不吃，静静蹲在客厅一角，扭动收音机上的旋钮。章云藩走过去，两人就无线电有一段对话，章云藩说："我顶喜欢无线电的光。这点儿光总是跟音乐在一起的。"但是对川嫦而言，无所谓音乐，只是"希望有一天能开着无线电睡觉"。开着无线电睡觉，这是张爱玲的喜好，她将它强加到川嫦身上，她一天离不开无线电，而且一向是喜欢开着无线电睡觉。有一段时间姑姑张茂渊就在电台做播音员，播报新闻、社论，姑姑如此调侃说："我每天说半个钟头没意思的话，可以拿好几万的薪水；我一天到晚说着有意思的话，却拿不到一个钱。"疑心张爱玲开着无线电睡觉的习惯也与姑姑有关，姑姑正在电台播新闻，她听着姑姑的声音，就好比姑姑仍在家中陪她唠叨。后来《十八春》中，她这样写道："饭后，驷华一回到客厅里马上去开无线电。屏妮横了他一眼，道：'你就歇一天不听，行不行？今天这么些个客人正在这儿。'"这驷华也应该是张爱玲，她是一天不听无线电也不行。

对于当时海派中产家庭来说，电话与留声机必不可缺，当然还有冰箱和煤气炉子。张爱玲父母离婚，虽说她与弟弟被判给父亲，但条约上写明她可以随时去看母亲。第一次走进母亲与姑姑的公寓，第一次看到"生在地上的瓷砖沿盆和煤气炉子"，她非常高兴，"觉得是很大的安慰"。为什么是很大的安慰？——潜意识里，张爱玲一定觉得"生在地

老上海时代家具式的收音机。

上的瓷砖沿盆和煤气炉子"是对父母离婚的补偿。

一个一直生活在农耕时代的中国人，对"生在地上的瓷砖沿盆和煤气炉子"会有情不自禁的向往与好奇，这是人类对现代文明本能地生出的向往之心。在张爱玲后来的文字里，她逮着机会就要细细描写那些"开蓝菊花"的煤气炉子："煤气的火光，像一朵硕大的黑心的蓝菊花，细长的花瓣向里拳曲着。他把火渐渐关小了，花瓣子渐渐的短了，短了，快没有了，只剩下齐整的小蓝牙齿，牙齿也渐渐地隐去了，但是在完全消灭之前，突然向外一扑，伸为一两寸长的尖利的獠牙，只有一刹那，就'啪'的一炸，化为乌有。"如此细致地观察煤气炉子，这在张爱玲来说，前所未有——这时候她没有佣仆，也没有钱，寄人篱下，虽说这个人是爱她的姑姑，但是生活自理却必须要做到：自己坐巴士、拿碗下楼买臭豆腐、在小贩手里买菜，甚至网袋襻子被小贩含在嘴里沾了唾沫，濡湿湿的拿在她手里，她也不知道嫌恶。自立的生活确实让她变化很大，她喜欢"开蓝菊花"的煤气炉子，也喜欢"后开井"的小风炉。

开蓝菊花的煤气炉子、后天井烙菜饼的小风炉子，张爱玲的两只炉子为我们展示了老上海生活的两张脸，左脸是有"开蓝菊花的煤气炉子"的老洋房，右脸是"后天井烙菜饼的小风炉子"的小弄堂，两张脸合在一起，就是华洋杂交的老上海的面孔。

铜栅栏外面，一重重的黑暗往下移

电梯在上海出现绝对是一件匪夷所思的事情。但是当电、电台、电影等稀奇古怪的西洋玩意——现身上海滩之后，上海人还会感到奇怪吗？应该是见怪不怪了。再新奇的玩意也只有在初次接触时会有兴奋之感，久而久之，大家一定会平常待之。

张爱玲对电梯有过很详细的描述："我们的开电梯的是个人物，知书达理，有涵养，对于公寓里每一家的起居他都是一本清账。他不赞成他儿子去做电车售票员——嫌那职业不很上等。再热的天,任凭人家将铃揿得震天响,他也得在汗衫背心上加上一件熨得溜平的纺绸小褂,方肯出现。他拒绝替不修边幅的客人开电梯。他的思想也许缙绅气太重,然而他究竟是个有思想的人。可是他离了自己那间小屋,就踏进了电梯的小屋——只怕这一辈子是跑不出这两间小屋了。"

这个发生在电梯间的故事肯定发生在上海,也只能发生在上海。首先是电梯,当时公寓拥有电梯的城市在中国屈指可数,除上海外恐怕只有香港。即便职业只是一个开电梯的,但是他却"不赞成他儿子去做电车售票员,嫌那职业不很上等"。这样的职业观也只有上海人才会拥有。他的习惯正是标准上海人的习惯:再热的天,任凭人家将铃揿得震天响,他也得在汗衫背心上加上一件熨得溜平的纺绸小褂,方肯出现。他拒绝替不修边幅的客人开电梯。他爱读书看报是肯定的,"我们的《新闻报》每天早上他循例过目一下方才给我们送来。小报他读得更为

1936年,上海南京路大新公司内,中国境内第一部手扶电梯出现了。

仔细些，因此要到十一二点才轮到我们看"。

在张爱玲生活的老上海，出入乘电梯是最平常的事，像这个讲穿戴、要面子的电梯工人不计其数，张爱玲笔下涉及的电梯也不计其数。以至于后来拍摄张爱玲的电视剧《她从海上来》，导演以反复出现的电梯镜头来表现张爱玲的情绪。其实那就是张爱玲笔下对电梯的描写："电梯上升，人字图案的铜栅栏外面，一重重的黑暗往下移，棕色的黑暗，红棕色的黑暗，黑色的黑暗——衬着交替的黑暗，你看见司机人的花白的头。"

其实电梯在欧洲出现得比较晚，1853年，在纽约水晶宫举行的世界博览会上，美国人伊莱沙·格雷夫斯·奥的斯第一次向世人展示了他的发明。他站在装满货物的升降梯平台上，命令助手将平台拉升到观众都能看得到的高度，然后发出信号，令助手用利斧砍断了升降梯的提拉缆绳。令人惊讶的是，升降梯并没有坠毁，而是牢牢地固定在半空中——奥的斯先生发明的升降梯安全装置发挥了作用。"一切安全，先生们。"站在升降梯平台上的奥的斯先生向周围观看的人们挥手致意。谁也不会想到，这就是人类历史上第一部安全升降梯。这项发明彻底改写了人类使用升降工具的历史。从那以后，搭乘升降梯不再是"勇敢者的游戏"，升降梯在世界范围内得到广泛应用。1889年12月，美国奥的斯电梯公司制造出了名副其实的电梯，它采用直流电动机为动力，通过涡轮减速器带动卷筒上缠绕的绳索，悬挂并升降轿厢。这种以直流电作动力的电梯在差不多过了半个世纪后，出现在上海。在南京路大新公司内，中国境内第一部手扶电梯出现了，这已是1936年。也就是在1936年，赫德路上一座由意大利人开发的爱丁顿公寓落成，这座后来张爱玲在此居住过五年的公寓装有一部带栅栏的电梯。爱丁顿公寓内的电梯是不是中国境内第一部安装在公寓内的电梯呢？现在无法查找到这份资料，但可以肯定的是，它是上海最早一批安装电梯的公寓。过了两年，匈牙利设计师邬达克在上海今天的铜仁路333号建造了一座豪宅：绿房子。这座绿房子也是于1936年开工，只是它耗时3年打造，于1938年落成，是邬达克的代表作，它里面安装有电梯——这是上海首部安装电梯的私人住宅，电梯的面积只有半个平方米，可以一次乘坐3个人。电梯内两侧还分别装有镜子，方便乘坐电梯的人利用短暂的时间整理衣冠。电梯四层四站，全机械化牵引，额定载重量400公斤，三道安全防护，其安全系数堪比现代电梯的近十道安全控制。据专家考证，电梯的异形非标荷叶形轿厢设计，加上厅门轿门的弧形连接，国内罕见。更令人惊讶的是，这部古董电梯至今仍在工作，如同爱丁顿公寓张爱玲乘过的那部老电梯，它也仍然在工作。每次从现在的常德路上经过，我都会进入公寓乘一下那部老电梯。那个开电梯的女人已经认得我了，每次进去她都说："你又来了。"我向她微微一笑，并不说话，然后屏息站在那部老旧的电梯内，然后我看到张爱玲描写的那个画面："电梯上升，人字图案的铜栅栏外面，一重重的黑暗往下移，棕色的黑暗，红棕色的黑暗，黑色的黑暗。"

从双层公共汽车上伸出手摘树巅的绿叶

沈从文初到北京时，听到窗外电车声十分烦躁，一听到香山的鸡叫就快活得不得了，在房间里跳来跳去，这与张爱玲有很大的不同。张爱玲住在卡尔登公寓时，楼下就是电车场，她是要听着电车声才能安然入睡："我喜欢听市声。比我较有诗意的人在枕上听松涛，听海啸，我是非得听见电车响才睡得着觉的。在香港山上，只有冬季里，北风彻夜吹着常青树，还有一点电车的韵味。长年住在闹市里的人大约非得出了城之后的才知道他离不了一些什么。城里人的思想，背景是条纹布的幔子，淡淡的白条子便是行驰着的电车——平行的，匀净的，声响的河流，汩汩流入下意识里去。"

上海滩早在1907年就有了电车，是那种老电影里才能见到的电车，车身上贴满了周璇的画像和永安公司大减价的广告。这种电车常常开着开着就没电了，翘着两根"辫子"趴在路中间，像死了一样。两根连接电线的"辫子"就是它的电源，停电了它就翘着"辫子"趴在那里。所以在上海民间，至今还称人死了为"翘辫子"。可别小看这翘辫子电车，它也是随西方文明一同传入的舶来品，张爱玲喜欢它理所当然，在她笔下有这样的文字："生活的艺术，有一部分我不是不能领略。我懂得怎么看'七月巧云'，听苏格兰兵吹bagpipe，享受微风中的藤椅，吃盐水花生，欣赏雨夜的霓虹灯，从双层公共汽车上伸出手摘树巅的绿叶。"这是她认为生命欢悦的理由，可以想见，张爱玲当年和炎樱从霞飞路购物归来，踏上电车去凯司令喝咖啡，两人坐在车上说说笑笑，双层电车停在一处路口，她忍不住伸手摘树巅绿得透明的叶子——在老上海时代，这是多浪漫而新奇的事！我想，她和炎樱一定坐在车头处，否则不会看到如此奇妙情景："开电车的人开电车。在大太阳底下，电车轨道像两条光莹莹的，水里钻出来的曲蟮，抽长了，又缩短了；抽长了，又缩短了，就这么样往前移——柔滑的，老长老长的曲蟮，没有

老上海双层有轨电车，可以像张爱玲说的那样坐在车上摘树巅的叶子。

完,没有完……开电车的人眼睛盯住了这两条蠕蠕的车轨,然而他不发疯。"

上面这一段文字写在小说《封锁》中,张爱玲以小见大的本事好生了得,她把整个上海滩、整个中国,就浓缩在封锁期间的电车上,那些上流的下层的芸芸众生,就在这个拥挤的电车车厢里露出一角。电车是张爱玲小说中最常见的生活空间,《有女同车》写的也是发生在电车上的故事,一个打扮古怪的洋女人的故事。在结尾处她说:"电车上的女人使我悲怆。女人……女人一辈子讲的是男人,念的是男人,怨的是男人,永远永远。"她忘了她自己亦不例外,把男人挂在嘴上记在心头。

电车是展示老上海最典型的道具,在布满广告橱窗的霞飞路上,一辆有轨电车翘着两根辫子叮叮当当驶过来,路边走过穿旗袍的女人、戴礼帽的先生,哪家店堂里传来《蔷薇蔷薇处处开》的音乐——这是我们最熟悉的老上海风情。当年上海第一条有轨电车的起点站就在卡尔登公寓的静安寺路口,就在张爱玲楼下,张爱玲说:"我们的公寓近电车厂邻。"她对电车的感情无人能比,在阳台上看着"电车回家,一辆衔接一辆,像排了队的小孩,嘈杂、叫嚣"。

上海这些年一直说要恢复有轨的翘着辫子的双层电车,有从环保方面来考虑,有从旅游方面来论证,甚至有从文化方面来探讨——翘辫子电车成了多种理念的载体,成了一辆名副其实的"欲望号街车"。

大量老爷汽车出现在老上海街头

"忽然听见汽车喇叭响。上海这时候已经有汽车了,那皮球式的喇叭,一捏'叭'一响,声音很短促,远远听着就像一声声的犬吠。五老爷新买了一部汽车,所以五太太一听见这声音就想着,不要是他回来了,顿时张惶起来。"——这是张爱玲《小艾》里的一个场景,这个爱汽车的五老爷,应该就是张爱玲的父亲张廷重。张爱玲与国际接轨的契机之一,就是大量老爷汽车出现在老上海街头。

张廷重像当今任何一个男人一样喜爱汽车,张爱玲说他父亲衣食住行四个字,单单注重行,可以不吃不喝不穿,老爷车却不能不买,而且左一辆右一辆,从不厌倦。也难怪,老上海时代的上海滩就好比万花筒,自从1901年出现了第一辆汽车以后,它从此就像坐在汽车轮子上,飞黄腾达一日千里。不仅是像张廷重这样有家产的人,就是公司里一无所有的小职员,也跃跃欲试想买汽车,一个人买不起,几位同事合伙——《红玫瑰与白玫瑰》中这样写道:"振保道:'要不要去看电影?'这时候他和几个同事合买了部小汽车自己开着,娇蕊总是搭他们的车子,还打算跟他学着开,扬言'等我学会了我也买一部'。——叫士洪买吗?"这时候汽车在上海开始普及,一般中产家庭,汽车是必备之物,《沉香屑　第二炉香》中,教授罗杰就是以车代步,"起先,我们看见罗杰安白登在开汽车。也许那是个晴天,也许是阴的;对于罗杰,那是个淡色的,高音的世界,到处是光与音乐。他的庞大的快乐,在他的烧热的耳朵里正像夏天正午的蝉一般,无休无歇地叫着","罗杰安白登开着车横冲直撞,他的驾驶法简直不合一个四十岁的大学教授的身份,可是他深信他绝对不会出乱子,他有一种安全的感觉"。

　　张廷重也是如此,外出游玩,必定要开车,没事也开着车外出兜风。有一次带张爱玲到闵行去玩,半路车坏了,钻到车下修了半天还是不行,张爱玲与姑姑只好叫出租车先走了,留下他守着那辆1930式的雪铁龙汽车发呆。张爱玲的弟弟张子静说:"1930年我父母离婚,姑姑和母亲一起搬了出去,在当时旧法租界(今延安路以南)一幢雄伟的西式大厦,租了一层有两套大套房的房子。那幢大厦住的大多是外国人。她们买了一部白色的汽车,用了一个白俄司机,还雇了一个法国厨师,生活很阔气。"两个独立的上海女人,为了离婚仿佛在赌一口气,吃罢法国厨子做的菜,然后下楼坐进白俄司机驾驶的白色汽车,去逛霞飞路,只有这样,她们的心情才能平复些。

　　如果长途旅行,火车是首选。当时上海到南京的铁路已开通,每日

行驶在上海街头的老爷车。

几班列车来往,几乎与现在一样快捷方便。张爱玲在《十八春》里这样写道:"一上火车,世钧陡然觉得轻松起来。他们买了两份上海的报纸躺在铺上看着。火车开了,轰隆轰隆离开了南京,那古城的灯火渐渐远了。人家说'时代的列车',比喻实在有道理,火车的行驶的确像是轰轰烈烈通过一个时代。世钧家里那种旧时代的空气,那些悲剧性的人物,那些恨海难填的事情,都被丢在后面了。火车轰隆轰隆向黑暗中驰去。"光看这一个细节,我疑心张爱玲写的就是在当下。沪宁线上的列车我常常坐,从上海或南京上车,都要带一份当地当天的报纸上车,一边看报,一边看一眼窗外城市的灯火,与世钧的感觉如出一辙。

具体到张爱玲出行,她多选择电车。当然她也喜欢黄包车与孩子们的脚踏车:"秋凉的薄暮,小菜场上收了摊子,满地的鱼腥和青白色的芦粟的皮与渣。一个小孩骑了自行车冲过来,卖弄本领,大叫一声,放松了扶手,摇摆着,轻佻地掠过。在这一刹那,满街的人都充满了不可理喻的景仰之心。人生最可爱的当儿便在那一撒手罢?"

卖弄车技的小孩子,任何时候都是一样的,炎樱亦如此,在最热的天气里她骑着脚踏车到照相馆里拿了照片送给张爱玲看,常常会玩"大撒把",那个时候,她还不叫"炎樱",叫"貘黛"。张子静也爱骑脚踏车——父母之间无休无止的争吵与战争,使他们无暇顾及孩子的生活,一个整日用鸦片麻醉自己,另一个一味地追求西方的生活,"躲在阳台上的小爱玲和弟弟都不作声,静静地蹬着三个轮的小脚踏车"。在张爱玲的记忆里,世界就是"晚春的阳台上,挂着绿竹帘子,满地密条的阳光"。而张爱玲在忐忑不安中熬过了假期,秋天也不约而至。"这一季的梧桐叶黄的特别早,禁不起一阵风,就要纷纷落下,又被经过的脚踏车卷起,辗压。"就好比张爱玲凋零的心情。

张爱玲曾写过一个人,"在自行车轮上装着一盏红灯,骑行时但见红圈滚动流丽之极"。在张爱玲时代,整个上海滩都爱骑脚踏车,它是那个时代的摩登,代表着时尚与富有。在西方文明中,整个城市生活也因为这两个轮子的出现而改变了节奏与韵律。自19世纪50年代上海滩存在租界后,脚踏车与电报、电话、煤气灯、缝纫机一起进入中国。沪上洋人一有空就骑脚踏车去外滩观光,电影明星也骑着它到龙华寺郊游踏春看桃花,没几年时间,脚踏车就风靡一时。老上海张无我在一本书里写老上海十大快事,其中之一就是"去张园学习骑脚踏车"。甚至在1898年4月的《申报》上,出现了一条社论,题为《脚踏车将来必盛行说》。后来的发展果然如《申报》预测的那样,上海滩的邮政局、警察局、电报局等机关开始给员工配备脚踏车。但是黄包车也是上海街头一景,似乎张爱玲对它更偏爱一些。

黄包车也不是本土所产,它来自日本,又叫"东洋车"或"人力车"。为了显眼招徕生意,车夫将车身涂满黄漆,因而又叫"黄包车"。张爱玲有一段时间天天坐黄包车去医院打针,一坐进车,就放下帘子,来来回回走了三个月,结果那条路她仍然不认识。她自己解嘲说:"在现实的社会里,我等于一个废物。"而张子静却认为这正是姐姐异于常人之处,他认为凡大家都是有异于常人的怪癖。张爱玲不识路是不是怪癖呢?一时难说,她好像有比较严重的路盲,离了黄包车,几乎寸步难行。每到梅雨季节,门前积水很深,要涉水而过并不容易,张爱玲此时又想起黄包车，叫车夫来渡她过去。她对车夫很害怕，连付车费也是别过脸去，匆忙递钱给他，仿佛万分对不起他——这种受虐心理倒是一种怪癖。

在小说《色·戒》里，张爱玲多次写到黄包车。李安拍电影时，特地打造了多辆黄包车，并且每一辆都给它编了号。李安后来叹服当年上海滩管理的精细："连路边停靠的黄包车都十分讲究，数字确切的牌号，证明那时拉车载人都需备案，轮胎一律配挡泥板，棚子一律两旁可折叠，方便下雨时垂放。若是三轮车，脚蹬处必裹方皮，不仅美观且骑久了脚也不会难受。若是人力车，必有撑架。"张爱玲在小说中没有写得这么细，"平安戏院前面的场地空荡荡的，不是散场时间，也没有三轮车聚集。她正踌躇间，脚步慢了下来，一回头却见对街冉冉来了一辆，老远的就看见把手上拴着一只纸扎红绿白三色小风车。车夫是个高个子年青人，在这当口简直是个白马骑士，见她挥手叫，踏快了大转弯过街，一加速，那小风车便团团飞转起来"。

当时的女明星都喜欢骑脚踏车。

张爱玲的苍凉在电影中被李安用自己的方式——渲染、点化。于是，在刺杀败露、街道被封锁的一刹那，即将被捕的王佳芝最终遇到一个开朗快乐、对生活充满希望的年轻黄包车车夫，他轻快地拉着她，满街里狂奔，纸风车哗啦啦地转动，他们仿佛在经历一场恋爱，所以张爱玲说他"简直是个白马骑士"——这场恋爱是易先生从来不曾得到，而王佳芝本该得到的人间烟火。在电影收场时我们看到，易先生坐到王佳芝曾睡过的床边，手脚颤抖目光哀婉，他用一掬泪水来洗濯人性的原罪。

给我一身旧旗袍，给我一条霞飞路

霞飞路成了老上海的怀旧坐标，一位时尚女作家说："给我一身旧旗袍，给我一条霞飞路……"只是，时髦外婆的箱子底可能还有旧旗袍，可霞飞路到哪里去寻找？它现在已更名为"淮海路"，并且早已面目全非。

在张爱玲生活的1930年代，霞飞路如同巴黎的香榭丽舍，满街的咖啡馆、西餐馆、影院——名店林立，名品荟萃，展示着与纽约、巴黎同步的都市风尚，是老上海的风情之地，也是时尚之源。可是你无法想象，老上海顶级摩登之地，在20世纪以前却是一片乡村风光，这一带散布着诸如赵家宅、顾家宅、盛家宅、钱家宅、曹家宅等典型的村落。1870年代起，法租界入驻此地，花园洋房、欧式城堡一幢幢建立，泰昌洋行、永亮药号、恒来和记绸布庄、乾泰兴茶叶号等店号逐渐增多，并开始出现专营商店。随后大批俄侨涌入，一百多家俄侨商店在霞飞路上开张，购物与消费环境之雅、设施之舒适，堪称上海之最，如特卡琴科兄弟咖啡餐厅，是上海开设最早的花园餐厅，一个花园可置咖啡桌百余张；文艺复兴咖啡馆是俄侨聚会的沙龙；DDS咖啡馆则是中外雅士汇聚处。1922年法国将军霞飞来访，在此地举行欢迎仪式，霞飞路由此得名。

女作家亦舒对霞飞路迷恋之极，在小说中多次提到这条流光溢彩的大马路:"承欢毫不介意旧上海有条霞飞路,虽然这也不过是一个法国人的姓,但是人家译得好听。"许鞍华也这样说:"当年亦舒就住在我隔壁,记得她多少次这样说过:上海有条霞飞路。"汪曾祺流浪上海当小学教员时,就住在霞飞路的一条小巷子里,汪老到哪里只记得吃,炒白果、雪笋汤和白糖莲心粥就是霞飞路的味道。76岁的余光中先生这样说:"当年我住在法租界霞飞路,ABC就是在那里学的,上海一直都是中西文化交会的大港口。成年以后,我只能从张爱玲的小说里神游上海滩。"霞飞路在余光中的眼波里,幻化成一抹永不褪色的文化乡愁。

有一段时期,张爱玲舅舅家就在霞飞路(位于今淮海中路993号),那时候她经常和表姐逛霞飞路。四公里长的霞飞路流光溢彩、人头攒动,两旁装修豪华的精品小店一家接一家,张爱玲与表姐们勾肩搭背、流连忘返,后来她在笔下写道:"四五年前在隆冬的晚上和表姊看霞飞路上的橱窗,霓虹灯下,木美人的倾斜的脸,倾斜的帽子,帽子上斜吊着羽毛。既不穿洋装,就不会买帽子,也不想买,然而还是用欣羡的眼光看着,缩着脖子,两手插在袋里,用鼻尖与下颔指指点点,暖的呼吸在冷玻璃上喷出淡白的花。"这便是张爱玲笔下的霞飞路风情,有女孩

1930年代的霞飞路。

子淘宝的小店，也有咖啡馆与电影院。不但是和黄氏表姐，张爱玲与炎樱、苏青出门逛街、购物，首选之地也是霞飞路。法国人的香水店、美国人的鞋帽店、俄国人的面包店，逛一趟霞飞路，国际流行、海派时尚全都集中在上海小姐身上。张爱玲说："妈妈和姑姑是喜欢霞飞路的，妈妈第一次回国住的是霞飞路。"——那就是霞飞路上的伟达饭店，张爱玲也过来住了半个月。那时候她正在读书，有一个好朋友叫张如谨，两人常在霞飞路上的国泰电影院看电影。看到生离死别，张如谨多数要哭，张爱玲就搂着她的肩安慰她。张如谨非常奇怪："你为何不见一滴泪？"张爱玲解释说："忙不过来啊！得查字幕，得看镜头，还得评演技。"张如谨偏爱张资平，张爱玲不喜欢："张资平，人如其名，资质平平，写东西老差那么一口气，远不及张恨水。"

　　看完电影后与张如谨同逛霞飞路是固定不变的安排，当时上海最大的百货公司万安百货就在霞飞路上，这种从欧洲传入的购物方式让张爱玲痴迷至极。上海的百货公司当时正进入鼎盛时代，后来崛起的先施、永安、新新、大新，由这四家公司撑起上海的一片天。据说有些百货公司的男职员全部穿中山装，女职员全部穿蓝色的旗袍，全公司的职员都穿黑袜黑鞋。如果有男顾客来，就专门让女售货员服务。如果女顾客来，就让男售货员服务。"异性相吸"被灵活自如地运用到销售中。也有一些上海市民，不为购物，专门冲着中山装帅哥或旗袍小姐而来。每天，百货公司人潮汹涌，人气兴旺。公司的每个职员都有一个胸牌。如果号码是"1"字开头，职员就在第一层楼上班；如果是"2"字开头，那就是在第二层楼上班。先施公司是上海第一家由国人经营的全球大型百货商店，它在上海首创了商品标价和不议价制度，售货统一开发票；首创了从业人员每逢星期日休息制度；首次破例雇用了女店员。永安公司老板最早发行公司独用的礼券，还设法让漂亮的女营业员招徕生意，营业额居然超过了对面先开张的先施公司，成为上海百货行业的老大。新新公司自行设计、装备了在上海第一个由中国人创办的广播电台，因电台的房子四周是用玻璃隔断的,俗称"玻璃电台"。1949年5月25日上海解放,这个电台最早向全市人民广播了这个重要消息。大新公司出现得最晚,它底层大厅中央的自动扶梯属当时国内首创,楼内还有冷暖设备等。大新公司内有游乐场,开辟了京剧、话剧、电影、滑稽戏、魔术等演出。大新公司招徕了不少顾客,很快后来居上,成为上海赫赫有名的百货龙头。

百货公司虽然多集中在南京路上,但霞飞路商家更青睐国际一线品牌或名特优商品,所以张爱玲总是在这里流连。其实也不仅仅是张爱玲,太多的人物出现在霞飞路,太多的故事出现在霞飞路,中国出了个老上海,老上海有一条霞飞路。上海的记忆,群体的记忆,也是张爱玲刻骨铭心的记忆,像一条亮闪闪的珍珠项链,串起属于现代的关键词:摩登、时髦、绅士、淑女、品位、格调、文明、浮华——它装饰着上海,孕育出一种全新的人,一种全新的海派文化,它有一种生生不息的力量,潜移默化地影响了一代又一代人,然后随他们漂洋过海而散播海外,成为一种外来与本土、海洋与内陆、开放与封闭、包容与专制孕育出的新生命。

从小红楼到百乐门

老上海的世界性格局是全方位的,从衣食住行到吃喝玩乐——吃喝玩乐几乎是纸醉金迷的"老克勒"和交际花生活的全部,其中最重要的一项,就是流行曲。在张爱玲眼里,那就是"挑拨性的爵士乐"。

爵士乐是华洋杂交的产物,它最初在中国大陆出现就是在百代小红楼。早在1921年,法国百代唱片公司买下上海衡山路811号这块地,建造了这幢欧式风格的小洋楼,创立了东方百代唱片公司,它是中国境内第一座录音棚。相当长的一段时间里,它是国内最好的一所录音棚,也是亚洲最大的录音棚。中国唱片历史从此开始,留声机与胶木唱片开始出现在中国人的家庭。1986年,中国第一本流行音乐杂志《音像世界》

百代小红楼。

也在此创刊。作为中国流行音乐的发源地，当时无数明星名伶全都到此来录制唱片，比如《何日君再来》、《夜来香》，再比如《美酒加咖啡》、《路边的野花不要采》——老上海最早的流行曲，中国大陆第一代现代意义上的流行歌就是从这里开始传唱，然后唱遍大上海那些灯光迷离的歌舞厅，接着再传至尚处于农耕时代的中国内地——百代小红楼，作为中国音乐史上的里程碑，像漆黑的夜空中一颗闪闪发光的星。

我在百代小红楼看到一张照片，当年在此录制唱片后，周璇、李香兰等红极一时的歌星在小红楼合影留念。当年的上海滩，女明星山花烂漫，女歌星繁星满天。当红的就不说了，还有像以"小妹妹声"（风行一时的唱腔）流行的王人美、龚秋霞，比如唱《香格里拉》的欧阳飞莺，唱《三轮车上的小姐》的云云，唱《侬本痴情》的吴莺音——那是一个罗曼蒂克的时代，情深深，软绵绵，仿佛半梦半醒，宛若微醺浅醉，让我想起灯红酒绿中那些纸醉金迷的"老克勒"，比如范烟桥，比如周瘦鹃……周璇演唱的《月圆花好》的词就是范烟桥写的："浮云散，明月照人来，团圆美满今朝醉，清浅池塘，鸳鸯戏水，红裳翠盖，并蒂莲开，双双对对，恩恩爱爱，这园风儿向着好花吹，柔情蜜意满人间……"听得人身子软了,骨头酥了,仿佛置身于阳春三月的桃花树下。这支歌李香兰也唱过,说到李香兰我会自然而然想起张爱玲。当时李香兰是孤岛上海一位耀眼的女明星,张爱玲是红得发紫的女作家,才女和女星在某次游园会上相逢。对张爱玲来说,虽说不会生出相见恨晚之情,但惺惺相惜还是有的。于是,两个女人便在一起合影留念——这张照片张爱玲一直保存着,并收入《对照记》中。张爱玲在照片旁附文说:"我太高,并立会相映成趣,有人找了张椅子来让我坐下,只好委屈她侍立一旁。"张爱玲穿一件连衣裙,米色薄绸上洒满淡淡墨点,隐着暗紫的凤凰,很有诗情画意——这本是老祖母的一床旧夹被,炎樱替她设计做成了一件连衣裙,紫凤凰图案集中在裙的下摆和两只宽大衣袖上,极为别致,张爱玲兴奋异常,穿着它参加这次游园会。从当时照片上看,李香兰不动声色站在张爱玲身后,神情显得有点委屈。张爱玲侧首低眉,让当时红极一时的女明星李香兰站在身后作陪衬,张爱玲很是得意,那心情肯定像穿着那幅世界名画似的衣裳,"遍体森森然飘飘欲仙",不过她脸上丝毫看不出来。这是她绝无仅有的一张显得很漂亮的照片,撩起额发的脸温柔妩媚,老祖母睡过多年的夹被完全看不出来,

老上海时代百乐门夜夜灯红酒绿、纸醉金迷。

她的神情仿佛陶醉在音乐中。

在百代录制的唱片中，爵士乐是主打。张爱玲也迷恋爵士乐，她说："一般的爵士乐，听多了使人觉得昏昏沉沉，像是起来得太晚了，太阳黄黄的，也不知是什么时候，没有气力，也没有胃口，没头没脑。那显著的摇摆的节拍，像给人捶腿似的，却是非常舒服的。"爵士乐令人愉快和舒服，张爱玲不但自己喜欢，她会让她笔下的人物也喜欢："楼下吃完了饭，重新洗牌入局，却分了一半人开留声机跳舞。薇龙一夜也不曾合眼，才合眼便恍惚在那里试衣服，试了一件又一件，毛织品，毛茸茸的像富于挑拨性的爵士乐；厚沉沉的丝绒，像忧郁的古典化的歌剧主题曲；柔滑的软缎像《蓝色多瑙河》，凉阴阴地匝着人，流遍了全身。才迷迷糊糊盹了一会儿，音乐调子一变，又惊醒了。楼下正奏着气急吁吁的伦巴舞。"

爵士的发源地是新奥尔良，那是美国的一座滨海小城。当时上海著名的歌舞厅百乐门有一支爵士乐队，演奏得与新奥尔良爵士乐没有任何区别。那些单簧管、萨克斯、小号、长号、低音提琴、鼓、沙槌、打击乐演奏的音乐完全有别于我们耳熟能详的丝竹管弦之声，却在那些以欧化生活为时髦的摩登男女中间迅速普及，并成为一个时代的共同记忆，这只能从文化上寻找原因，而绝非音乐本身。这种流行乐风靡上海，只能说明海上风气的转变，包括小红楼、百乐门代表着的现代音乐的出现，这是上海融入世界文明大格局的开始。也可以这么说，张爱玲正是伴着爵士乐在写作，她居住多年的爱丁顿公寓，就在号称"远东第一乐府"的百乐门斜对面，她在文章中这样写过："远处飘来跳舞厅的音乐，女人尖细的喉咙唱着：'蔷薇蔷薇处处开！'偌大的上海，没有几家人家点着灯，更显得夜的空旷。"——女人尖细的歌声，应该是从歌舞厅传来的，就是后面愚园路口那家安有弹簧地板的歌舞厅：百乐门。

百乐门是老上海的坐标。到百乐门跳舞、去凯司令喝咖啡、看阮玲玉电影、读张爱玲小说，是张爱玲时代"老克勒"的生活方式。张爱玲居住的南京西路一带，当年是老上海的贵族区域，而贵族区没有贵族跳舞厅，那是不可思议的。于是有一位商人投资了70万两白银，一座可供千人同时跳舞的豪华舞厅随即出现在静安寺，也就在爱丁顿公寓后面。最大的舞池有500平方米，地板别出心裁全用汽车弹簧钢板支撑，跳舞时会产生微微晃动的感觉，像浅醉微醺，令人迷恋。百乐门的出现从此成为中国人对老上海的华彩记忆：张学良时常光顾；陈香梅与美国飞虎将军陈纳德在此订婚；徐志摩与陆小曼更是常客；卓别林夫妇访问上海时也慕名到此跳舞。上海滩的明星们，谁没有在百乐门唱过歌跳过舞？不仅如此，百乐门还培养出了一代娱乐明星，如梁实秋晚年的妻子韩菁菁，就是百乐门著名的"一代歌后"与"大众情人"。张爱玲与百乐门为邻，夜夜伴着百乐门歌声写作，自然对其熟得不能再熟，百乐门也多次进入她的小说中。当年百乐门的舞女收入极高，但是，百乐门对她们的要求也极高，不但会跳，还要会唱。在百乐门自由不羁、轻快随意的爵士乐队伴奏下，美艳的舞女们边跳舞，边演唱陈歌辛那些荡人心魄的爵士乐：《假正经》、《香格里拉》、《玫瑰玫瑰我爱你》……

  近百年的岁月流逝了，小红楼旧了，百乐门变了，但是爵士乐给上海这座南方城市打上的一层玫瑰红底色并没有褪净，那其实就是一种爵士气质：时髦、怀旧、优雅、有格调……程乃珊说："我非常喜欢爵士乐，我的父亲和母亲都是爵士乐发烧友。在我父母亲生活的那个年代，爵士乐可以说是上海城市文化生活的一部分，那个时候有一批人都非常喜欢爵士乐，这主要和当时上海的人们开始接触好莱坞电影有关。"事实正是如此，即便在"文革"时期，上海的一些"老克勒"也会穿上洗得泛白的中山装，风纪扣扣得紧紧的，袖口有些破旧的毛边，也修剪得干干净净。在夜晚来临时，他们会放下窗帘，在昏暗的灯光下，用磨损的留声机播放百乐门爵士乐，用小煤油炉煮着劣质咖啡，身体在香氛中、乐声里轻摇着，仿佛又回到老上海风云际会的1930年代。

老房子：张爱玲飘零的踪影

经历了欧风美雨与华洋杂交，上海滩耸立着无数美轮美奂的欧式风情老房子，从马勒别墅到沙逊别墅，从白公馆到丁香花园，无以计数的老洋房、老洋楼充斥上海滩，如宣纸上的点点胭脂红，淋漓尽致地皴染出海派风情。张爱玲从小在上海滩长大，在错落有致、风情万种的老房子之间处处都曾有她的踪影。

上海戏剧学院在华山路上，一路上不知经过多少精美绝伦的老房子，这一带张爱玲应该不陌生——李鸿章家即张爱玲家的一处房产枕流公寓就在戏剧学院斜对门。而在当年，戏剧学院前身所在的德国乡村俱乐部，其实属于美丽园的一部分。

德国乡村俱乐部现在叫"熊佛西楼"，这是以一位戏剧家的名字命名的。一幢德式风格的带宽大走廊的精美建筑，1930年由德国人设计建造。德国人平常喜欢聚会休闲，在原迈尔西爱路（今天的茂名南路58号）建造了乡村俱乐部，却被法国人要去。德国人无奈之下只好在沪西

德国乡村俱乐部，现为上海戏剧学院活动室。

锦江饭店北楼，张爱玲与姑姑曾在此短暂居住。

的美丽园中又重新修建了一座乡村俱乐部，德国人一有空就来此喝酒聊天。这座建筑是宁静的、含蓄的，它不炫耀也不喧闹，正适合恋人间喁喁细语、耳鬓厮磨。张爱玲喜欢用大玻璃杯喝红茶，加奶油，再加一碟蛋糕或巧克力甜点。坐累了，还可以到外面草地上散散步。这楼里楼外，曾留下过一代才女踯躅、感伤的脚步。在张爱玲小说《倾城之恋》、《半生缘》、《金锁记》里，都能或多或少地觅到熊佛西楼的影子，还有楼前这棵枝繁叶茂、能开大白花的玉兰树。

据张爱玲的姑父李开第回忆，张爱玲和姑姑从爱丁顿公寓搬出来后，曾在锦江旅馆（今日锦江饭店之北楼）住了一个月，再迁入梅龙镇旁的重华新村，最后又搬进离国际饭店很近的卡尔登公寓。当年李先生去张家造访，张爱玲常常去楼下添菜留客，《半生缘》中的上海背景，就是取材于此。锦江饭店北楼又叫华懋公寓，是老上海时代著名的商人沙逊的产业，后来沙逊洋行欠下大笔税金，就以华懋公寓抵押，张爱玲多次来这里参加活动。

还有一处很气派的大饭店离卡尔登公寓很近——金门大酒店，它那种古罗马式的建筑风格直到今天仍然让人赞叹不已。不错，它是意大利人于1920年代建造设计的酒店。张爱玲的父亲与母亲离婚后，很快再婚，就在此举行了结婚典礼。张爱玲也到金门大酒店来参加婚宴，尽管她心里怨怼，甚至恨不得将后母"从楼上推下去一了百了"，但在吃喜宴时，她敷衍得很好，脸上笑嘻嘻的，没有人能看得出孤僻少女的满腹心事。

金门大酒店向前走几步，就是更为著名的饭店：国际饭店，有24层之高。张子静1947年因公从工作地点扬州回到上海，见到母亲十分高兴，他劝母亲回上海定居，将张爱玲和她接到一起居住。这一次他母亲就居住在国际饭店，张子静的游说没起任何作用，黄逸梵轻轻一句就打消了他的念头，黄逸梵说，国内太脏了，我住不习惯，不打算回来了——她住不习惯，她只能住在像国际饭店这样的地方，这里离张爱玲居住的卡尔登公寓只隔着一个路口，女儿想来看她，应该很方便。

女作家淳子说过，国际饭店是可以写小说的地方——据说这幢大厦是匈牙利设计师邬达克在上海一举成名的作品，翻版了20世纪20年代美国的摩天大楼，它不但是上海，也是当时远东最高的建筑。半个世纪以来，它一直是上海的制高点。1950年，上海市测绘部门以国际饭店楼顶的旗杆中心作为上海"0"号位置，国际饭店就成为上海大地的圆心。

一个时代有一个时代的骄傲，"远东第一高楼"曾经是上海的象征，让上海人为之骄傲了半个多世纪，如今在它斑驳的外表下有苍茫历史的沉淀。淳子说这里是写小说

古罗马式的建筑——金门大酒店，张爱玲后母与父亲在此举行婚礼。

国际饭店披一身岁月风烟。

的地方,是因为这里发生过很多的故事,厅廊里那昏暗的色调似乎能让人生出时光倒转的错觉,带着你将泛黄的旧照片一一翻阅。20世纪30年代,老上海风华正茂,这里是一个绅士出没、名媛流连的地方:政界美人宋美龄、戏剧名流梅兰芳、影星胡蝶等经常在这里消遣。这里还是一个充满传奇的地方,大楼电梯还有故事:以前的电梯是那种老式的,某一天,老上海电影明星白鹭匆匆进去,门没有来得及关上,她便从这里掉了下去。美女明星奇特的死亡方式成了小报轰动一时的花边新闻。英若诚那位仗义的姑妈、老上海风华绝代的女明星英茵,在国际饭店的旅客登记簿上写下了"干净"二字,然后吞服鸦片自杀,落得个"白茫茫大地真干净"。

张爱玲的芳踪与倩影也曾在这里停驻——老房子之所以让人生出厚重、沧桑之感,是因为它里面停驻过一些飘零的人生,留下了一些苍茫往事。而且它的异域情调也给上海这片江滩抹上永恒不变的底色。

著名的克利夫兰总统号

1955年秋天,张爱玲以专才难民的身份赴美。在香港天星码头,宋淇与邝文美夫妇送她。伫立在船舷边看着维多利亚港渐渐退去的灯火,想起前世今生的苍茫往事,她禁不住泪如泉涌。船到日本时,她登岸给邝文美寄去一封长达6页的信,信里说:"别后我一路哭回房中,和上次离开香港的快乐刚巧相反,现在写到这里也还是眼泪汪汪起来。"张爱玲乘坐的邮轮，便是著名的克利夫兰总统号。

在航空不发达的时代，上海之所以具备国际眼光与世界格局，就在于中美之间有一条著名的邮轮：克利夫兰总统号。中国人出洋、欧洲人入境，唯一的交通工具就是这艘克利夫兰总统号——以美国第22任和第24任总统格罗弗·克利夫兰的名字命名的邮轮。邮轮从美国的旧金山出发，途经檀香山、日本的横滨、菲律宾的马尼拉、中国的香港，再抵达最后一站上海，就停泊在十六铺码头。胡适离开大陆前往美国，也是坐的这艘船。1949年4月6日上午九点半，上海北外滩码头阴云密布，胡适在一帮朋友的簇拥下缓缓登上停泊在江畔的克利夫兰总统号。总统号在浑黄的黄浦江畔停泊了很长时间，细雨开始密密麻麻地飘下，船体上一行雪白的大字"PRESIDENT CLEVELAND"分外醒目。一直到十一点，轮船才悲伤地呜咽一声，然后缓缓地驶离外滩。胡适站在船舷边向岸上的友人频频挥手，望着越来越远的土地和岸上那些林立的摩天大楼，不禁悲从中来，他从此再也没有重返故地。这与张爱玲如出一辙，她从香港天星码头离开中国之后，从此伶仃海外，飘零一生，再没有回到中国。她一直记得克利夫兰总统号将她带到美国的第一站：檀香山。密密麻麻的人群从轮船与码头之间的栈桥上蜂拥而下，绝大多数是亚洲

张爱玲的朋友宋淇与邝文美夫妇，后来成为张爱玲遗产继承人。

人，面带菜色神情落寞。35岁的张爱玲就夹杂其中，她瘦得像"两片贴在一起的薄叶子"，那件非常显眼的旗袍穿在身上，显得有点空空荡荡。她的左手紧紧揪着一块白色的带网眼的绒线披肩，右手则提着一个压有圆形凤凰图案、四角包有铜皮的小皮箱。人群实在太拥挤了，根本无法前行，她其实是被乘客推搡着朝前挪移。折腾了大半天之后，终于如愿以偿进入移民局，她累得几乎瘫倒——可那个陈设简陋的移民大厅同样拥挤不堪。刚刚下轮船的亚洲难民，带着难闻的气味，再一次在这里聚集，一个紧贴着一个准备通过审查进入美国。从高处俯瞰，黑压压的人群就如同一棚任人宰割的牲畜。挨过了如同一个世纪那样漫长的时光，终于轮到张爱玲，一个身材矮小的移民官翻了翻眼睛问她："叫什么名字？从事什么职业？"张爱玲答："张爱玲，作家，根据1953年美国难民法令，移民到此。"小个子官员抬了抬下巴，示意她站到磅秤上去。张爱玲脱下鞋子，纤细的脚上穿着一双白净的布袜子，颤巍巍地站上去。移民官员漫不经心地扫了一眼，在登记表上记下一行字：体重103磅。又拉起一根量杆，量了量她的身高，再填上：身高5英尺7英

张爱玲密友邝文美。

寸，然后将一枚矩形红章斜敲在表格上——那枚鲜艳的红印像一朵花，而此时的她，张爱玲，也恰如一朵海上花，被命运之手无情抛弃在苍茫大海上，正漂向不可预知的未来。

上海的海是大海的海

从现代文明的角度来说，上海的海是大海的海，是海阔天空的海，是海纳百川的海。克利夫兰总统号是文明使者，将更多文化巨匠送到上海，让上海真正成为一片浩瀚无垠的大海。东西方文明互相交融，上海这个偏远小城才可能成为东方的魔幻之都。

最先来到上海的是美国哲学家、教育家杜威先生，胡适与陶行知、蒋梦麟都是杜威先生在哥伦比亚大学的学生。胡适对导师钦佩至极，将小儿子取名为胡思杜就是为了纪念杜威先生。得知杜威先生赴日本讲学，马上敦促当时北京大学的校长蔡元培先生出面邀请杜威访华。为了欢迎杜威先生，上海教育界做足了功课，上海包括《新教育》和《时报·教育周刊》在内的报刊杂志都出版了有关杜威先生的专版和专号。杜威尚未来到上海，他在日本的演讲集《哲学之重建》便已出版，为杜威先生即将到访上海预热。

上海是杜威访华的第一站，1919年4月30日，杜威先生到达上海十六铺码头，胡适早早赶到迎接昔日导师，并将他安排在静安寺附近的沧州饭店。因为沧州饭店的老板会讲英语，成为外国来宾入住的首选。胡适陪同杜威先生到《申报》馆会见老板史量才，孙中山先生得知后也出面请杜威吃饭，并赠送了他刚刚出版的新作《孙文学说》。孙中山认为，中国传统的"知易行难"，使人们崇尚空谈，知而不行。他现在反其道而行之，"凡知皆难，凡行皆易"，他坦诚地向杜威陈述了自己的想法。杜威听后很有感触，他对孙中山说："吾欧美之人，只知知之为难，未闻行之为难也。"孙中山的想法得到杜威的认可，他十分欣慰。这种观念影响了在场的陶行知，他当即将自己的名字由"陶知行"改为

十六铺老码头,民国时期中国境内最大的码头。

"陶行知",这是学生对导师的崇拜,也是杜威的魅力所在。作为一名世界级的大教育家,杜威将他的实用主义哲学理论运用到教育中,创造了一整套系统的实用主义思想教育体系,核心要义就是"平民教育":"什么叫平民教育呢?就是我们须把教育事业为全体人民着想——使得它成为利便全民的教育,不成为少数贵族阶级或者特殊势力的人的教育。"杜威强调的另一方面就是"教育即生活":他不把学校看作是社会生活的一个准备阶段,而认为它本身就是生活的一种方式。这一点深深影响了陶行知,他后来也成为一个伟大的教育家,核心主张就是"生活即教育"。杜威在中国生活了两年多,从南到北到处演讲,后来出版了《杜威五大讲演》、《杜威在华演讲集》等书,再版十多次,风行一时,成为五四时期中国人了解西方思想的一扇窗口。

杜威还没有离开上海,美国另一位哲学家、百科全书式的思想家、诺贝尔文学奖获得者伯特兰·罗素又来到上海,他住在西藏路上的一品香旅馆。在这位被中国媒体称为"孔夫子第二"的思想家之后来到上海的是诺贝尔奖获得者爱因斯坦。有趣的是,爱因斯坦也入住在一品香旅馆,并且他就是在中国得知自己获得1921年诺贝尔物理学奖。那天他携夫人一登上上海码头,来迎接他的瑞典驻上海领事就告知他获奖的消息。后来的报纸这样报道他:"是一位相貌和蔼的绅士,看起来更像一位乡村教师,而不像是发展了颠覆世界的理论而且从世界上最伟大的科学家手中得到诺贝尔奖的人。他穿着很普通的衣服——一件礼服,戴了一条黑白相间的领带,这和他的胡子很相配。他有着一头短而浓密的灰色头发,就像是一顶纸制的王冠,有的地方被压扁了。他还有一双棕色的、炯炯有神的眼睛。他说起话来声音温柔,根本没有那种经常在德语中听到的刺耳的声调。"

罗素和爱因斯坦走了,又一位诺贝尔奖获得者、印度著名诗人泰戈尔来到上海,上海再次轰动起来。泰戈尔此次来中国是受到诗人徐志摩的邀请。作为邀请者,徐志摩要准备的事情实在太多。当时他在光华大学任英文系教授,暂时离开上海,前往北京安排接待泰戈尔的具体事务。但是校方却不准假,因为接待泰戈尔并非他的本职工作。徐志摩无奈,和校方商量妥当,决定让邵洵美来代他上课。徐志摩抱歉地对邵洵美说:"我也没想到,邀请老戈爹来访,这么一件有意义的大好事竟然遭到那么多人的反对。"邵洵美说:"我已看到陈独秀的抨击泰戈尔的文

胡适与他的导师杜威。

章了，他认为接受泰戈尔的观点只会导致中国社会的落后与挨打。"林语堂甚至认为，泰戈尔以一个亡国国民的身份，竟然来尚未亡国的中国大谈精神救国，显得不伦不类。

1929年3月，泰戈尔如期访华，徐志摩带着一帮人去码头迎接。当红帽银须、穿一身僧袍的诗哲泰戈尔出现在船头时，岸上人群发出一阵又一阵的欢呼，印度人则自动站成一排唱起了印度歌。徐志摩将泰戈尔安排在自己家中住下。为了招待泰戈尔，他和陆小曼特地准备了一间墙上挂着毯子的印度式卧室。但是泰戈尔看了却摇头说不好，陆小曼十分疑惑。泰戈尔用英语说："我来中国，就是为了领略东方异国风情。"陆小曼明白了，她和徐志摩住到了那间房间里，把那间有中国风的大卧室让给了泰戈尔。

徐志摩知道邵洵美也极其喜爱泰戈尔的作品，当天晚上便把邵洵美和盛佩玉请到家中来见泰戈尔。酒过三巡，泰戈尔诗兴大发，徐志摩与邵洵美也跃跃欲试。盛佩玉不会说英语，有点犯难。她仔细端详着面前这位印度老爹，那高大如泰山的身躯，灰色的长袍，灰白的大胡子，她有点犯迷糊。陆小曼怕冷落了这位嫂子，将她拉进了给泰戈尔准备的那间房间，对盛佩玉说："这间房子是给老戈爹准备的，但是他不愿住，提出要住我们那间。"盛佩玉笑起来："那你就让床，志摩巴不得，你也了不起——你不想想，你的床泰戈尔睡过啊，老戈爹一走，你就把床卖掉，在报上打广告，印度大诗人泰戈尔睡过的床，上海有钱人还不挤破了头抢着买，你也好发一笔财。"

徐志摩对泰戈尔到访相当重视，作为翻译，他全程陪同泰戈尔由上海、南京，到北京、太原，接着再南下汉口。又沿长江回到上海，再一路相送到日本。最后由日本转回香港，两位诗人才最后分别，相约来年欧洲相会。这样的虔诚和真挚，就是诗人与诗人间超越世俗的友谊，也是两颗心灵之间的神秘感应。他渴望和这样的大师作对手，潜意识里，他也把自己当成大师。或者假以时日，他应该也可以成为大师级的诗圣。

萧伯纳（左二）在上海与宋庆龄（右三）、蔡元培（右二）、鲁迅（右一）等合影。

要说对大师的虔敬，邵洵美比起他的仁兄徐志摩有过之而无不及。另一位诺贝尔文学奖获得者萧伯纳即将来上海时，他几个月前就跃跃欲试，甚至让他主办的畅销杂志《论语》出一期专刊《萧伯纳游华专号》，并隆重推出。萧伯纳来华当天，宋庆龄在府上接待萧伯纳，然后在鲁迅、蔡元培、林语堂、杨杏佛等人的陪同下，一行人来到国际笔会中国分会。徐志摩、胡适、邵洵美等皆为理事，邵洵美还兼任秘书长，笔会的实际工作全由他负责。能把这个世界级的文豪请到上海来，他有点欣喜若狂，近距离地注视这位胡须洁白如雪的老翁。在他眼里，萧伯纳如同圣诞老人。可是萧伯纳一直金口难开，这让邵洵美一筹莫展。为了活跃气氛，他作为中国笔会的秘书长，早已作了细致的安排，让梅兰芳来一段京剧。果然萧伯纳被梅兰芳的《贵妃醉酒》所吸引，总算开了金口："我在苏联是见过斯大林的，一直把斯大林看作美男子。现在，我终于在中国的上海，又见到另一位美男子。我想问梅先生，我们的戏剧演出没有锣鼓，因为一有杂音就会损害观众的注意力。而中国的戏剧，就显得过于吵闹。"梅兰芳说："中国戏剧有两种，如昆曲就属于不闹的一种。"萧伯纳得知梅兰芳的舞台演出已有三十年历史,忍不住赞叹道:"先生真是驻颜有术。"梅兰芳换了个话题:"爱尔兰人忠实于友谊,我很愿意和萧先生交个朋友。"萧伯纳说:"爱尔兰人虽生性率直可亲,然而说话极靠不住。"邵洵美一听,就拍掌说:"好,萧先生果然率直可亲,这才是靠得住的供状,可以比得上十部卢梭自传,萧先生将来要成仙,就是此地种的善根。"邵洵美后来赠送了萧伯纳两件礼物,一件是装在一个大玻璃锦盒中的北平东安市场制作的京剧脸谱,另一件是古绣衣。萧伯纳鉴赏之后说:"戏中的战士、老生、小生、花旦、恶魔,都能从面貌上鉴别出来,我们这些人面目大都相同,不过内性就未必相似了。"

萧伯纳不知道,这些礼品全是邵洵美自己掏的钱。他主持的所谓国际笔会中国分会,原本就是一个空架子。当晚,他还自掏腰包,请萧伯纳在上海最著名的功德林素菜馆吃晚饭。全世界都知道萧伯纳吃长素,他常对人说:"我把蔬菜当酒肉来享受,吃素的人总是脱俗的。"

那时候的上海是个世界级的大都会,是冒险家的乐园,也是文化人的乐土。无数世界级的大师都希望来到这个东方大都会。在杜威、罗素、爱因斯坦、泰戈尔、萧伯纳之后,美国表演大师卓别林、日本天才作家芥川龙之介、意大利无线电报创始人马可尼、丹麦诺贝尔物理学奖获得者尼尔斯·玻尔、法国物理学家朗之万等众多大师名流接二连三来到上海。每一位大师的到来都在为海上文坛引入一股活水,他们的到访本身就是一个文化现象,包括围绕着他们出现的那些争论与批评,事实上对海派文化都产生了积极的影响。上海的海纳百川与海阔天空就这样慢慢形成,成为世人记忆中永不磨灭的世纪风景。

欧洲文明在中国的一块飞地

经历了一个世纪的欧风美雨,上海人从衣食住行到文化观念都与国际接轨,这就是摩登,这就是海派。有了这样的底色,"上海也成为中国唯一最像城市的城市"，这是多年前上海作家王安忆说的。中国的许多城市不像城市，感觉上就是修了马路与商场的农村，市民也就是住进了公寓的农民，仅此而已。从根子上它们没有经过海派文化的淘洗，没有经过欧洲文化的殖民。上海却不是这样，一个世纪以来，它完全与世界融合在一起，影响了上海人的衣食住行与行为规范，甚至包括他们的语言。

这一点在张爱玲的文字中有准确的反映，在《气短情长及其他》中她写到一种很奇怪的电器："我在家里向来是服低做小惯了的，那样的权威倒也不羡慕。佣人、手艺人，他们所做的事我不在行的，所以我在他们之前特别地听话。常常阿妈临走的时候关照我：'爱玲小姐，电炉上还有一壶水，开了要灌到热水瓶里，冰箱上的扑落你把它插上。'我的一声'噢！'答应得非常响亮。"冰箱上的"扑落"称谓应该是洋泾浜英语，用现在的话说出来，就是电源插头。洋泾浜英语在老上海大出风头，一直到现在仍在使用，这是华洋杂处所形成的独特的语言文化。张爱玲曾详细描写过，因为停电，"全上海死寂，只听见房间里一只钟滴答滴答走。蜡烛放在热水汀上的一块玻璃板上，隐约地照见热水汀管子的扑落，扑落上一个小箭头指着'开'，另一个小箭头指着'关'，恍如隔世"。那个时候，因为家用电器的普及，扑落已经不可缺少，冰箱、风扇、留声机、收音机——哪一样电器上没有一只扑落？扑落一词让我对老上海的洋泾浜英语发生兴趣，它与上海的方言土语结合，读来妙趣横生：比如把丈夫称"黑漆板凳（husband）"，管门人叫"抛脱（porter）"，把蠢人叫"阿木林（a moron）"，把一文不值者称为"瘟生（one cent）"。再比如说"非常感谢你（thank you very much）"，上海人读作"生发油卖来卖去"。有一首打油诗这样说：

"翘梯翘梯"请吃茶，
"雪堂雪堂"请侬坐，

烘山芋叫"扑铁秃"，
东洋车子"力克靴"，
打屁股叫"班蒲曲"，
混账王八"蛋风炉"，
"那摩温"先生是阿大，
跑街先生"杀老夫"，
"麦克麦克"钞票多，
"毕的生司"当票多……

上海的洋泾浜语言当然远不止这些，它已渗透进上海人生活的方方面面，与上海母语互相渗透，成为沪语的一部分。

土洋结合，把殖民化语言演变成开心的戏谑，也算是市井民间的生存智慧。比如"赤佬"，是英语"cheat（欺骗）"的意思，上海话里指专门行骗、不正经的小混混。再比如"门槛精（monkey精）"，在上海话里引申为聪明的、精明的人。中西文化的交融必然影响语言，乃至生活方式、思考方式，当时外滩遍地开花的银行就推出过助学式贷款和分红式保险，与现在的操作方式完全一致，令人吃惊。甚至在张爱玲小说中，还看到上海当局为了节省电能，推行过国际流行的夏时制："上海为了'节省天光'，将所有的时钟都拨快了一小时，然而白公馆里说：'我们用的是老钟。'他们的十点钟是人家的十一点。他们唱歌唱走了板，跟不上生命的胡琴。"——在这里，张爱玲说得太好了，太对了。老上海的华彩段落是现代文明给古老中国打了一层现代的底子，尝到的一个甜头，一种念想。老上海的洋泾浜英语不过是国际文化交融在本土方言上留下的佐证，我们到底晚了一步，"他们的十点钟是人家的十一点"。努力追赶了许多年，还是跟不上——"跟不上生命的胡琴"。

但是谁也不能否认，上海，一百年前的上海，在相当漫长的一段时间内一直是中国最像城市的城市，它是欧洲文明在中国的一块飞地。

第三章

出 / 身 / 名 / 门

"我没赶上看见他们,所以跟他们的关系仅只是属于彼此,一种沉默的无条件的支持,看似无用,无效,却是我最需要的。他们只静静地躺在我的血液里,等我死的时候再死一次。"

——张爱玲

河北的荒村七家坨

张爱玲在《对照记》中说:"我祖父出身河北的一个荒村七家坨,比三家村只多四家,但是后来张家也可以算是个大族了。世代耕读,他又是个穷京官,就靠我祖母那一份嫁妆。他死过两个太太一个儿子,就剩一个次子,已经大了,给他娶的亲也是合肥人,大概是希望她跟晚婆婆合得来。"在这里张爱玲有一处错误,据我对河北唐山市丰润县黑山沟村的考察,张爱玲所说的"七家坨"应该是"齐家坨"——理由是张爱玲并没有去过齐家坨,在女佣的口口相传中,她误将"齐"读成"七",并且还想当然地认为"比三家村只多四家"。对于家族的历史,她后来只有仇恨没有热爱。可是在很小的时候,她和弟弟张子静会本能地打探自己的来路,自己的血脉所依。

关于张佩纶的故事最早是张子静在一本曾朴写的《孽海花》小说中看到的。张爱玲放学回家,弟弟神秘兮兮告诉她:祖父叫张佩纶——两个人晚饭也不吃,颠来倒去地看那本《孽海花》。张爱玲猛然想起,曾朴这个人是作家,似乎与家里来往颇多,家里的电话号码簿上,排在最前头的名字就是"曾朴"二字。据说张佩纶打了败仗,顶着一只铜盆逃跑,曾朴在书中写道:"他才思敏捷,自视甚高,有笔如刀,恃才傲物,因而在官场得罪了不少人,弄得中年罢了官,抑郁以终。"

几句话就概括了张佩纶的一生,当然事实并非如此简单。要说清张佩纶,必得从他父亲张印塘说起,说清了张印塘与张佩纶,也就说清了张爱玲的家族渊源。史界一向有"中华张氏出清河"之说,清河县在河北,丰润县也在河北。丰润一向以文化昌明、人才辈出而著称,民间也

河北丰润县黑山沟村村口，此地为张爱玲祖居地齐家坨村。

有"南无锡、北丰润"之说。张佩纶的父亲张印塘在丰润可是一个响当当的人物：清嘉庆时中举人，后来又中进士，历任浙江建德、海宁、桐庐知县、杭州府知府、安徽按察使等职。他为官清廉，两袖清风，颇得民心，后来就任安徽按察使期间与李鸿章相识。当时李鸿章回乡间办团练，曾得到按察使张印塘的大力支持，两人共同镇压太平军，可称世交。李鸿章后来回忆："方江淮鼎沸，独君（张印塘）与鸿章率千百羸卒，崎岖于扰攘之际，君每自东关往来庐州，辄过予里舍，或分道转战，卒相遇矢石间，往往并马论兵，意气投合，相互激励劳苦。余谓古所传坚忍负重者，君殆其人。"1854年闰七月，天气特别热，张印塘在与太平天国石达开作战时，病逝于徽州舟中。当时张佩纶才五岁，李鸿章看到莫逆之交的幼子跪在棺材前不停地哭泣，一时泪如雨下。他亲自掏钱让毛夫人带着张佩纶扶棺回老家安葬——老家就在丰润，当时叫齐家坨村。

后来张佩纶在自己撰写的《通议大夫安徽按察使张府君墓志铭》中记载道："明永乐二年（1404）始祖讳德贤自山东海丰（今无棣县）迁县西南齐家坨，谱系中阙。"而《张氏家乘》又载："前明永乐二年，我始

73

张佩纶墓地一片荒凉。

祖敬公为奕世之祖，由山西洪洞来海丰，家与码头村居焉。"张印塘中进士后来浙江赴任，在桐庐做知县时，英国舰艇时时在海面游弋，伺机进犯。张印塘组织军民挖战壕、修堤防严阵以待，多年的严防死守锻炼了他的用兵能力，当时他能做到的就是组织民间武装进行团练，这是他与后来善办团练的李鸿章一拍即合的感情基础。几年后宁波陷落，整个浙江沿海人心浮动大为惊恐。张印塘有两万团练在手并不害怕，他的势力也大大壮了当时浙江巡抚刘韵珂的胆。《清史稿》有记载："巡抚刘韵珂荐其能，宣宗召对，询夷务。退复召入陈海防要害，谕勿跪，时称异数焉。"张印塘德才兼备，很快被提升为杭州府知府。到任不久正值大汛，张印塘临危受命，组织四府力量共同赈灾。他彻夜不眠蹚在洪水中与灾民共患难，倾其所有筹集口粮，感动了当地地主财东，他们有钱出钱，有力出力，使百年难遇的大洪灾安然度过，死亡者极少，"全活者数十万"，受到杭州市民的交口称赞。不久，太平天国起兵，张印塘被调到云南任按察使，途经安徽时却被当地民众强行留下，结果就任安徽按察使，与李鸿章一起在江南一带浴血奋战，最终以身殉职。他的牌位留在杭州府名宦祠，遗体却被送归北方那个遥远的至今仍然荒凉偏僻的小山村。

一个笔头,不知拔掉了多少红顶

有其父必有其子,长大成人后的张佩纶与父亲一模一样:先中举人,后中进士,虽官居高位,却两袖清风,甚至常常吃稀饭为生。据曾朴在《孽海花》中所述,"在太和殿大考,一挥而就,首先交卷。不日放榜,名列榜首。"当时京中对他的评议是"词锋可畏,是后起的文雄","才大心细,有胆有勇,可以担当大事"。他授了翰林院侍讲学士后,章洪钧登门道贺,家中却没有米煮一锅干饭待客,只得叫仆人拿袍子去典当,顺路买些米和菜回来做饭。当时在华的美国大使杨约翰说:"在华所见大臣,忠清无气习者唯佩纶一人。"

张佩纶虽然"言多谐谑",但是生性秉直,喜爱诗酒酬和,洁身自好又曲高和寡,这些皆对年轻的张佩纶的仕途不利。后期的张佩纶"用世"过深,有意疏懒诗而勤于谏,最终从诗人转型为谏臣,由此孕育并推动了清廷重要的政治派别"清流派"的形成与发展。在这个巨大的转变过程中,作为核心人物的他起着举足轻重的作用。说白了,当初所谓的"清流派"也就是同治后期翰林以诗为纽带形成的一个名士交往的小圈子,张之洞、黄体芳、王仁堪等人都是这个圈子里的活跃分子。后来,这个圈子慢慢扩大到吴大澂和章洪钧等人。张佩纶之所以与吴大澂、章洪钧走得很近,还有一点不能不提到,他乐于与南方

张爱玲的祖父张佩纶,一代谏臣看上去绵软无力。

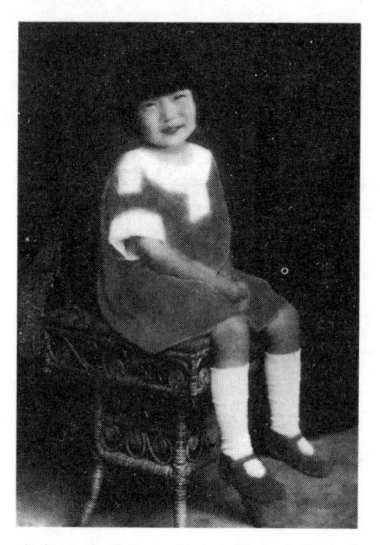

童年的张爱玲，看上去是个人见人爱的小女孩。

人交往。据说张佩纶从来不参加同乡会，嫌北方人粗俗。一则有关他的记录也印证了这一点："同乡公饯行丁廉访，并延张中丞香涛约同去，勉赴松筠庵，坐客谭笑甚鄙。"南方人的文雅与风流甚合张佩纶的心意，所以他与吴大澂、章洪钧等很自然地走到一起，正如同《孽海花》中描写的："今日参督抚，明日参藩臬，这回劾六部，那回劾九卿，笔下又来得，说的话锋利无比，动人听闻。枢廷里有敬王和高扬藻、龚平暗中提倡，上头竟说一句听一句起来，半年间那一个笔头上，不知被他拔掉了多少红顶儿。满朝人人侧目，个个惊心，他到处屁也不敢放一个。"小说中的人物"仓樵"瞎子也能看出来，就是写张佩纶——张印塘字雨樵，张佩纶字幼樵，"仓"是佩纶的"纶"，"樵"就是幼樵的"樵"，而敬王、高扬藻、龚平，说的就是恭亲王奕䜣、军机大臣李鸿藻、光绪帝师翁同龢。虽说此乃小说家言，但是张佩纶在政治上的杀伤力可见一斑。在1875年至1884年清流派鼎盛的九年间，张佩纶上奏折127件，其中弹劾直谏就占了三分之一。一时间只要张佩纶一疏上奏，满朝文武四方传诵，就连他平时爱穿的竹布长衫，都有人竞相仿效。张爱玲对这种穷文人爱穿的竹布长衫就非常有好感，多次在文中提及："身穿一件簇新蓝竹布罩褂，浆得挺硬。人一窘，便在蓝布褂里打旋磨，擦得那竹布淅沥沙拉响。"张佩纶满腹诗书、两袖清风，虽官居高位但为官清廉，家中一贫如洗。据曾朴在《孽海花》中所述，当时京中对他的评议甚佳，"可以担当大事，可惜躁进些"。张佩纶在朝中抨击时弊目中无人，自然与他的才高八斗密切相关。据说他打小聪明超群,读书过目不忘,中进士时年仅23岁,比他后来的老丈人李鸿章中进士时还小一岁。要知道,当年的李鸿章可是大清朝最年轻的进士——而张佩纶更牛的地方在于,他竟然做过皇帝的老师。

可是,在一个封建陈腐的官场里,像李逵似的抡板斧到处砍砍杀杀,痛快则痛快,却不免得罪太多人,这也为日后遭贬埋下了伏笔。1884年,中法战争爆发,北洋大臣李鸿章畏首畏尾,心急毛躁的张佩纶坐不住了,接二连三上了十道奏章力主抗战。慈禧太后果然派他上了战场,一个提笔作赋的文弱书生,你让他带兵打仗拿刀杀人,就等于逼着李后主去做秦始皇,悲剧是注定了的,这也是张佩纶身败名裂的开始——这一年他37岁。后来人们揣度当时慈禧的心态,可能是老佛爷实在厌烦了这帮光说不练的家伙,你不是嘴皮子一直在说说说吗?让你们到前方受受罪。也有人说是李鸿章有意为之,意在提携故旧之子,让他在战场上建功立业,将来好作北洋大臣候选人。也许两种可能性都有,但是张佩纶的失败是注定了的——道理再明显不过,带兵打仗不是提笔作文,张佩纶只将朝廷"上谕"和李鸿章的电报作为进退依据,每日酒宴不止。而福州当地的一帮士绅个个心怀鬼胎,将大权拱手让给这位钦差大臣。纸上谈兵的最终结果是,法军向福建水师猛攻,仓促应战的后果是全军覆没,战死八百多人,战舰全部炸毁,晚清洋务派苦心经营的马尾船厂被洋枪洋炮夷为平地——而张佩纶则屁滚尿流顶着一只铜盆逃跑狂奔二十里,坊间传说他一边没命地逃跑,一边不忘啃一只猪蹄。最后的结局是丢了红顶子,被朝廷充军发配到张家口放羊。这张老汉羊没有放几天,却走起了桃花运,与李鸿章花容月貌的女儿李菊耦恋爱结婚,这一招让满朝文武百官瞠目结舌。

没有办法来改变这个"父女合谋"

当时不知是谁写了一首诗挖苦张佩纶,那诗写得挺恶毒,却在朝廷传得尽人皆知,诗曰:"养老女,嫁幼樵,李鸿章未分老幼;辞西席,

李鸿章在天津的老宅,如今一片破败,它是李菊耦与张佩纶相识之地。

就东床,张佩纶不是东西。"但是李鸿章不管不顾,下决心要将女儿嫁给张佩纶,他曾经对人这样说过:"将来幼樵的功业必定比我大。"虽然后来的事实证明李鸿章有点看走了眼,但是时局剧变着实难以预料。他与张印塘的这份生死之交、他亲眼见证张佩纶长大成人的这份人间真情令他永世难忘,他一定要落到实处,他一定要对这份真情有个交代。更何况他推广洋务运动广受排挤和非议,挺身而出助他一臂之力的,正是昔日老友之子、朝廷后起之秀张佩纶。可以这么说,李鸿章早就代替女儿李菊耦相中了这个才气冲天,又有点目中无人的才子。

张佩纶一生经历了三次婚姻,原配朱芷芗的父亲是大理寺卿朱学勤,朱芷芗生了两个儿子后去世,留下了父亲收藏有五百余万册书籍的藏书楼——结一庐,后来这五百余万册古籍全由张佩纶继承。朱芷芗去世后,张佩纶复娶继室边粹玉,边粹玉也是名门之后,她的父亲边宝泉从陕西按察使做到闽浙总督。说起边宝泉可能知道的人不多,但是他在崇祯十五年(1642)就任过陕西米脂县令,亲自挖掘李自成祖坟,此事轰动一时,也在中国近代史上留下一笔。那时候张佩纶还"有罪在身",用现在的话来说,是个"刑满释放分子"。曾朴在《孽海花》中这样描写张佩纶与李菊耦的艳遇:那是个冬天,外面风雪弥漫,张佩纶从张家口回来,一头撞进了李鸿章办公的签押房内。李鸿章并不在,里面坐着个姑娘,那是个"不长不短,不肥不瘦的小姑娘,眉长而略弯,目秀而不媚,鼻悬玉准,齿列贝编"。张佩纶一时有点心慌,就想要离开。而姑娘却站起来,眉目含情地看了他一眼,说:"您是张大人吧,快请坐,快请坐。"张佩纶心乱如麻,正束手无策,李鸿章适时走进来,说道:"佩纶,不碍事呀,这是小女菊耦,快来见过张大人。"那叫菊耦的小姑娘早红了脸,羞答答地上来道了声"万福",就进入了内室。在与李鸿章交谈时,张佩纶又发现桌上有一本词集,拿过来一看,正是李菊耦写的。张佩纶是大才子,写诗填词是他的强项,见到美人的词集,哪有不看之理?趁李鸿章不注意,他悄悄拿过那本线装书,翻开一看,立马倾倒,那娟秀的小楷、玲珑的诗息,让张佩纶暗目叫绝。特别是一首《基隆》,读得他惊心动魄:

> 基隆南望泪潸潸,闻道元戎匹马还。
> 一战岂容轻大计,四边从此失天关。
> 焚车我自宽房琯,乘障谁教使狄山。
> 宵旰甘泉犹望捷,群公何以慰龙颜。
> 痛哭陈词动圣明,长孺长揖傲公卿。
> 论才宰相笼中物,杀贼书生纸上兵。
> 宣室不妨留贾席,越台何事请终缨。
> 豸冠寂寞犀渠尽,功罪千秋付史评。

既有讽刺,又替张佩纶惋惜,暗中还点明如果张佩纶安心做一介书生,不去逞能做个冒失鬼杀敌,也不至于如此狼狈。张佩纶两眼一热,泪水不自觉流了一脸,有一种相遇红颜知己的感觉。李鸿章在一旁笑道:"小女涂鸦之作,大人莫要见笑。"同时改口要张佩纶帮忙替他小女介绍翁婿。张佩纶即便是个傻瓜,也知道刚才发生的一切全是李鸿章有意安排,一时内心窃喜,马上向李大人打听择婿条件。李鸿章递话给他:"只要和张大人一样,老夫就心满意足了。"张佩纶的桃花运来得如此突然，几天后就派人到李府提亲。李夫人赵继莲一听来提亲的人是那个"刑满释放分子"，比女儿整整大了19岁，立马大吵大闹，咒骂李鸿章："你这个老糊涂虫，你老糊涂啦？好端端的一个如花似玉的女儿，嫁给这样一个糟老头子？你别做梦。"李鸿章被吵烦了，说："你别吵别闹好不好？问问小女，问问她是怎么想的？"李鸿章叫来女儿，一问，李菊耦迟疑了片刻，答道："既然爹爹已经在张大人面前放了话，哪能悔改呢？况且，以爹爹的眼力，他相中的人必然不会差的。"李菊耦已经有了自己的主张，赵继莲即便一百个不情愿，也没有办法来改变这个"父女合谋"。

是一对美轮美奂的神仙眷侣

张爱玲在《对照记》里说："满目荒凉，只有我祖父母的姻缘色彩鲜明，给了我很大的满足，所以在这里占掉不合比例的篇幅。"在她看来，张佩纶家族也好，李鸿章家族也罢，全都满目荒凉不堪入目，只有她祖父张佩纶和祖母李菊耦琴瑟和谐、光彩照人，是一对美轮美奂的神仙眷侣。

张佩纶虽说在官场穷途命蹇，没有积蓄，但是婚后靠着李菊耦的陪嫁，他的日子过得相当滋润。张爱玲说："我祖母的婚姻要算是美满的了，在南京盖了大花园偕隐，诗酒风流。灭太平天国后，许多投置闲散的文武官员都在南京定居，包括我未来的外公家。大概劫后天京的房地产比较便宜。""我姑姑对于过去就只留恋那园子。她记得一听说桃花或者杏花开了，她母亲就扶着女佣的肩膀去看。"

据《清史稿》记载，"李鸿章不念旧恶，以女妻之"，原因有可能是为了延揽人才，也可能是张佩纶得到了其女的垂青。后来，张佩纶为了迎娶李鸿章千金，不惜重金买下了江南提督张云翼所建的张侯府，两人入住其中。当时的建筑主要有三幢，呈品字形分布，南侧一幢似为主楼，东西两楼各连着一个花园。张佩纶还特别将东楼命名为"绣花

金陵城内的老房子小姐楼,张佩纶与李菊耦"诗酒风流"的地方。

楼",专为李菊耦居住,后人习惯称之为"小姐楼"。张佩纶对李菊耦疼爱有加,他们之间的爱情算得上一段美满姻缘——两个人都是文学爱好者,在金陵小姐楼里"诗酒风流",写食谱,品善本,著武侠,比翼双飞。张佩纶在日记中说:"以家酿与菊耦小酌,月影清圆,花香摇曳,酒亦微醺矣。"他写诗表白心曲:"袖中合有屯田策,懒向辕门更纪勋。"他与李菊耦合写了一本菜谱后意犹未尽,又联手创作了一部武侠小说《紫绡记》。张爱玲读过,认为"故事沉闷",比不上她的小说《十八春》。

　　看来还是李鸿章懂得女儿心,并没有乱点鸳鸯谱,从闪电结婚来看,李鸿章显然早就相中张佩纶,他的动机既是惜才,也是念旧。张爱玲一向崇尚爱情第一,她对祖父祖母的爱情自然十分欣赏。张佩纶虽说才情过人,但是目中无人、夸夸其谈的个性也让李鸿章非常厌恶,作为洋务派的主要人物,李鸿章曾痛斥张佩纶等清流派:"不考究事实得失、国家利害,但随便寻个题目,信口开河,畅发一篇议论,借此以出露头角。而国家大事,已为之阻挠不少。"李鸿章还感慨:现在办事,举步维艰,动辄得咎,大臣本不敢轻言建树,但责任所在,又不能坐以待毙,常常苦心孤诣,想出"一条线路,稍有几分希望,千盘百折,甫将集事",言官以为有机可乘,就群起而攻之,"朝廷以言路所在,又不能不示加容纳。往往半途中梗,势必至于一事不办而后已"。但奇怪的是,不管李鸿章怎么说道,锐利无比的张佩纶从来都不攻击他,其原因当然心照不宣。1879年张母去世时,张佩纶生活窘迫,李鸿章即以资助营葬的名义赠"白金千两",让张佩纶"感德衔悲"。张佩纶也知恩图报,后来出任总理衙门大臣,随即投桃报李,三两天就与李鸿章通信,署中之事事无巨细逐一报告,简直就是李鸿章派到清廷中枢里的卧底,后来"以女妻之",应该是一件顺理成章的事。

令人遗憾的是,"世侄"做了"世伯"的女婿,却也没有东山再起。物质上的富足并没有排遣心灵的苦痛,他所能做的选择就是低调,再低调。据说李鸿章做大寿时,满朝文武都来祝贺,连慈禧都送来匾额祝寿,他却和李菊耦关起门来下了一天的棋。后来他的好朋友张之洞做了两江总督,张佩纶寄寓的金陵,正属他的辖地。尽管此时张佩纶已经远离政局,可慈禧太后对他的嫉恨仍未消弭。张之洞想,"与之往还,惧失欢西朝,不与往还,又失古人之谊",于是有意让张佩纶移居苏州。张佩纶大怒,说:"我一失职闲居之人,何以并金陵亦不许我住耶?"后来张之洞微服私访,老友相见抱头痛哭。这一面可以证实张之洞会做官,亦会做人。

1903年正月初七,张佩纶病逝于金陵,终年56岁。张爱玲的父亲张廷重和姑姑张茂渊就出生在金陵

李鸿章的女儿李菊耦膝下的两个小孩,就是张爱玲的父亲与姑姑。

的这所富丽堂皇的张侯府内。张廷重在这里迎娶了张爱玲的生母黄逸梵，李菊耦在世时便为她的儿子定下了这门亲事。1916年，两人结婚时都是20岁，新郎名门之后，家大业大，新娘黄逸梵非常漂亮。然而，这个婚姻是一桩悲剧。张爱玲说："我母亲还有时候讲她自己家从前的事，但是她憎恨我们家。当初说媒的时候都是为了门第葬送了她的一生。"

荒芜的农田与破烂的村庄

从合肥郊外一个叫磨店的乡镇坐蹦蹦车往于湾走，心里有点忐忑不安——透过四面通风的挡风玻璃往外看，荒芜的农田、破烂的村庄，前几天刚刚下过一场雨，道路一片泥泞。这里离合肥只有不到十里地，却完全看不到城市近郊应有的繁荣与喧嚣，看到的只是凋敝与败落。张爱玲对这个家族抱有恨意，其实一点不奇怪。可是她生于这样的家族，又离不开这个家族，事实上她一生都在享受这个庞大家族的荫庇。她要过有情调、有品味的生活，就一定要有所附丽。如果她是寒门子弟，她拿什么玩贵族情调？拿什么去海外谋生？都说她有稿费，其实她早年那两本小书的稿费根本无法支付她生活的昂贵开销（内地早期出版了她那么多的书，卖得那么好，从来没有想到要支付她版税，张爱玲对此颇有微词）。她无论在国内还是在国外，主要是靠变卖家中古董过日子——她是这样，她姑姑、她母亲、她继母全都是这样。

于湾村出现在田野尽头，是一个杂乱的村庄。各式房屋拥挤在一起，毫无章法，村落里时见荒草萋萋，可见有些房屋久已无人居住。一些村民冷漠地看了我几眼，又在猪与鸡的吵嚷声中荷着农具走出村庄，他们的脚下，遍布着鸡粪与稻草——这个村庄是李鸿章的祖居地，无法想象这样的村落会与张爱玲搭上关系。忽然冒出这样的古怪念头：如果李鸿章一直就待在这里做一个穷苦农民，那么张爱玲也就应该是个贫穷的村姑，她绝对不会写小说，她肯定不识字，二三月里会去田塍上挑野

直隶总督李鸿章。

菜，过年会为二尺红头绳和小气的母亲闹上半天，她只能嫁往邻村，像一团水草，从一个村庄漂向另一个村庄——当然这只是我的无聊假设，命运安排了千千万万个乡间女孩，却没有这样安排张爱玲，而是让她出身于上海的华丽家族，写出绚烂锦绣之文，然后又出走海外。可这样安排不一定就是幸福——一位内心荒寒、死无人知的另类作家，是不是会比粗茶淡饭、儿孙绕膝的乡间大娘更加幸福？

祠堂郢村离于湾很近，当年农家少年李鸿章常常在两个村落之间来往。李氏家族最早从江西湖口迁来，主要原因是躲避战乱。并且李家在湖口时并非姓李，而是许，从湖口迁庐州时为八世孙许福三。许福三的儿子许光照又生有六子，姻亲李心庄无子，他便将儿子许慎所过继给李家，按民间的"别子为祖"的习俗，许慎所这一脉改姓为李，许慎所为一世祖，李心庄为始祖。当初许光照来庐州最先落脚于祠堂郢村，得到李心庄的照应后，一家人在异地他乡渐渐站稳脚跟，但是生活仍旧艰难。一直到李鸿章的高祖，李家才"勤俭成家，有田二顷"，开始耕读世家的传统，可惜一直与科举功名无缘。直到李鸿章的父亲李文安于道光十八年（1838）考中进士，李氏一族才"始从科甲奋起，遂为庐郡望族"。现在的祠堂郢村仍有李家"棣华书屋"遗址，一片残砖碎瓦。李鸿章的父亲李文安曾记录过旧居棣华书屋的环境："门临方塘，水光照屋，菊花三径，杨柳数株。"那个柳荫塘还在，就在打谷场对面，少年李鸿章曾在此游泳。隔着柳荫塘，有一片稻田，是李鸿章的母亲耕作过的"麻大田"——之所以得名如此奇特，据说缘于李母天生麻脸和大脚。李氏祖先有田二顷，到祖父李殿华时，分得的田产不多。李殿华两应乡试皆落第，便放弃功名之想，退居乡间，过着"男耕女织，督课勿懈"的生活。李鸿章后来在家书中说："前吾祖父穷且困，至年终时，索债者如过江之鲫。祖父无法以偿，惟有支吾以对。支吾终非久长之计，即向亲友商借。借无还期，亦渐为亲友所厌。其时幸有姻太伯父周菊初者，稍有积蓄，时为周济，并劝祖父以节俭，并亟命儿孙就学。吾祖父从其言，得有今日。"

一个贫穷到靠借债度日的农家，因为李文安中得进士，一切全改变了。

被乌龟咬了一口的大脚姑娘

祠堂郢村的"麻大田"因为李母的麻脸与大脚而得名，而李鸿章家族的发脉起家，也与这位大脚母亲紧密相关。

当时李家家贫，李殿华时常外出做点小生意，也就是提篮沿村叫卖一种简单的食品：麻饼。粗糙的面疙瘩做成的麻饼，在当时的乡村仍然不失为招待来客的好东西，逢到家中来了贵客，村人们总要掏出几文小钱买上几块。有一年秋天，李殿华卖完了麻饼匆匆从邻村往家赶，走到一块坟地边突然听到一阵猫叫似的哭声。他吓了一跳，在荒草丛中找了半天，才找到一个被丢弃的女婴。女婴哭声像猫，瘦得也像猫，正在出天花，身上还滚烫，显然是个被遗弃的病孩。李殿华虽身在乡下，毕竟是个读了点书的小知识分子，还略懂些医道，尤其擅长儿科。见到这个奄奄一息的女婴令他心生同情，就抱回家，准备治好后再寻找丢弃她的父母。十天后女婴治好了，脸上却留下了稀稀落落的白麻点，像他麻饼上撒的芝麻粒。这对一个女孩子来说，是个不小的缺点。李殿华找了好几个月，也没有找到她的父母，只好将她留在家中。

女婴慢慢长大成小姑娘，她知道自己是弃婴，长大后就在李家勤恳地帮着干活，她要以勤劳来报答李老太爷的养育之恩。既然要成天跑进跑出地干活，也就没有必要像深闺里的小姐那样裹一双小脚了。同时也没有亲生母亲在旁监督她裹脚，那双自由自在的大脚就成了她生活中的好帮手，什么重活儿、累活儿都不含糊。在当时，哪有女孩子不裹脚呢？她的一双大脚板成了村民们的笑料。大脚姑娘在当时是找不到好婆家的，更何况她还是个被丢弃的孩子，亲爹娘不知在哪里。她也从不想以后的事，只是埋头在李家干活，尽一个养女的本分。这时候她不知道，有一双善良的眼睛早就注意到了她，这就是李家的四少爷李文安。李文安是个心慈面善的人，见不得人家受苦。有一天晚上他从外面回来，看见姑娘累得倒在灶门口睡着了，就顺手脱下外衣盖在她身上。这一幕被李殿华看到，他知道儿子对姑娘的一片心意。秋收以后，他收拾出家里的一个房间，又到磨店街上给她扯布做了几身衣裳，便让儿子与她结为夫妇。

大脚姑娘成了李家媳妇，她的非凡才干在婚后才显山露水。她为李家生下六个儿子：李瀚章、李鸿章、李鹤章、李蕴章、李凤章、李昭庆。另有两个女儿，大女儿嫁提督张绍棠，二女儿嫁的是江苏候补知府费日亮。生李鸿章时还有一个传说，这天正是农历正月初五，是民间接财神的日子。大脚姑娘在麻大田干活让乌龟咬了一口，使得她分娩比预产期晚了一个月，这个孩子出生后果然成了贵（龟）子。当时李文安要读书备考，又要外出做官，家中一切只能由她一人负责打理，每一个孩子都是靠她一人拉扯大。她的大智慧还在于，每当丈夫和儿辈遇有升迁，别人总是喜笑颜开地来祝贺时，她却不露喜色、不以为意，反而沉静地时时以盈满为戒，显示了"福人"的真功夫。

上苍也回报了这位苦命的女人，让她在后半生大富大贵地活到83岁，比丈夫李文安多活了28年。她晚年跟着两个当总督的儿子过，在总督衙门里当她的太夫人，享尽了荣华富贵，根本不在乎磨店乡下祠堂郢村那些农家小院，所以他们在家乡的老土地上并没留下深宅大院。她的儿子们帮助清政府打

当时的日本首相伊藤博文送给李鸿章的玉兰树，春来依旧花开万千。

败太平天国后，有一年总督"换防"，李鸿章从湖广总督的位子上北调京畿，去任直隶总督，留下的湖广总督的职位由他的哥哥李瀚章接任。当时她正跟儿子住在总督署内，总督要调换了，而老娘是同一个，老太太是不需要"挪窝"的，走了一个总督是她的儿子，再来一个总督还是她的儿子。乡间邻里不无羡慕地传出话来："人家李家是总督'换防'而老太太不用'换防'。"其福分真是人人仰之，无以复加。她的后半生不仅享受了一般官僚家庭的荣华富贵，还屡受皇恩。她75岁生日时，适逢慈禧太后四十寿辰，清帝为笼络汉臣，推恩及亲属，特下《褒赏谕旨》，赏给她御书"松筠益寿"匾额一面，镶玉如意一柄，大卷江绸袍褂料二匹，大卷八丝缎袍褂料二匹。1882年，老人家年纪大了，久病不愈，皇上又下谕旨，赏李鸿章一个月假期去湖北探望，并赏其母人参八两，以资调理。李鸿章来到湖北，各级官吏纷纷设家宴迎请，以示巴结。每当出门坐上八抬大轿，老太太总要将一双大脚伸出帘外，引得路人纷纷驻足围观，成为街谈笑料。李鸿章面子上过不去，于是苦苦哀求

87

老妈将脚收敛一点。老太太勃然大怒："你老爸当年也不敢说这般话，没有老娘这双大脚，谁供你们读书做官？"说罢倒头便睡，绝食三天，以示抗议。李鸿章只好跪地赔罪告饶，从此任由老娘为所欲为。

皇上的八两人参并没有养好老太太的病，老太太不久就去世了。于是清帝再下一道谕旨："内阁奉上谕：大学士直隶总督李鸿章、湖广总督李瀚章之母，秉性淑慎，教子有方，今以疾终，深堪轸恻，朝廷优礼大臣，推恩贤母，灵柩回籍时，着沿途地方官，妥为照料，到籍后，赐祭一坛，以昭恩眷。钦此！"在当时的清朝，有几个乡间老大娘能够得到如此至高的浩荡皇恩？李老太可能是唯一的一位。

芜湖的稻和米，李家的金与银

张爱玲没有到过安徽芜湖，但她对芜湖一点也不陌生，笔下频频出现"芜湖"二字。少时家里亲戚在上海住烦了，也会搬到芜湖住上两年，因为芜湖有的是张家的房产。她笔下一个败落户子弟常常向人家借钱度日，开口这样说："芜湖钱一来了就还你。"——芜湖的钱如何来？从房租米捐里来。张爱玲大半生过的都是锦衣玉食、仆佣成群的奢华日子，钱从哪里来？也是从芜湖来——芜湖是李鸿章家族的发家之地，江城芜湖的稻与米，便是李家、张家的金与银。

我在芜湖居住过4年，4年就居住在河南的裤子街，那是一条偏静的老街，傍着青弋江静静的流水——与裤子街相伴的，有无数通往青弋江的条条小街：东街、西街、米市街、笆斗街。这些小街便是当年繁华一时的芜湖米市：钱庄、砻坊、斛行、粮仓——一切与米市相关的行当在这里都能找到。我无数次从这里穿过，当年的高堂华屋如今塞满了市井人家，只是从陈旧不堪的窗棂、门台、雕梁、廊檐等建筑细节上，你还能依稀看到这座著名米市的富丽与鼎盛。与李家相关的处处遗址也散布在这片古城区：儒林街的小天朝、地区戏校的李公馆、河洞巷的李家马厩、大官山的李漱兰堂——李鸿章的子孙一手遮天，牢牢控制着芜湖米

芜湖古城中的老房子小天朝，李鸿章送给侄女的嫁妆，现在成了幼儿园。

市的每一道贸易关卡。在漫长的农耕时代，土地与稻米就代表着财富，在张爱玲没有出生的年代里，她的家族财富像李家谷仓的稻谷与米粒一样，迅速膨胀。李家的每一粒稻米、每一根金条，都见证了底层民众的血泪与封建专制的黑暗。

　　这个故事应该从1876年4月1日开始，这一天以现代人的眼光来看是愚人节，芜湖城正式开埠被辟为通商口岸，大量洋货的倾销使得皖南市场逐渐繁荣。但这个市场完全掌控在洋人手里，李鸿章一点好处也捞不到，他很不甘心。芜湖是他的第二故乡，洋人的黑手竟然伸到他家门口来了，他很不开心，他想要他的家族来取代洋人控制整个皖南米粮交易，一个庞大的计划开始在他心底筹谋。当时全国有长沙、无锡、镇江、九江四大米市，镇江因为比芜湖开埠早15年，所以镇江七浩口米市一派红火，成了长江下游的米粮集散地。一心想和洋人搏一把的李鸿章给朝廷上了一道奏折，要把镇江七浩口米市迁到安徽芜湖来。依据李鸿章在朝廷里的地位，要让朝廷准奏，自然不是件难事。但是，单凭一纸奏章，就要让镇江的米商自愿迁移，显然很不容易。当时镇江的米商已经成团成帮，他们在镇江的生意已经做稳，自然不愿迁移，于是暗中和官府对抗。在朝廷下达命令后的前五年里，七浩口米市的搬迁几乎成了

89

僵局。绞尽脑汁的李鸿章最终想到了一个人，那就是当时担任皖南兵备道兼任芜湖关监督的张荫桓。张荫桓是广东人，而镇江七浩口米市的势力，以广帮和潮帮为主，只要能说通广潮两帮的米商来芜湖，米市的搬迁就算成功了一半。作为洋务运动的大员，张荫桓一直唯李鸿章马首是瞻。他立即赶到镇江，利用同乡的关系，说动那些经营米市生意的同乡和亲友迁往芜湖。经过三四年陆陆续续的努力，也就是在张荫桓当芜湖道台的基础上，芜湖米市在强权之下得以形成。

强制搬迁米市让许多米商十分不满，李鸿章口头不说以免触犯众怒，暗地里却态度强硬——他的措施是为侄女举行盛大婚礼，一出手就送了她一座豪宅小天朝。这一场盛大的婚礼吸引了芜湖全城的目光。在庆婚的人群里，不仅本地的达官贵人一个不少，甚至还有江南一带赶来的官员和士绅，李鸿章的做派不仅仅是出于对这个侄女的偏爱，他也是借婚礼传达给各地的官绅和米老板一个信号，那就是李鸿章眷顾着芜湖，军粮采办、税银定制等都在他的手中操办，他完全可能左右芜湖米市的兴衰，久战商场的米商当然很明白其中的潜台词。不久，李鸿章的母亲病故，一艘火轮从武昌出发，载着李母的灵柩顺流而下来到芜湖，缓缓停泊在中江塔下。芜湖城的官僚倾巢出动迎接，李鸿章要护送母亲的遗体在芜湖中转，然后进入巢湖水系回老家合肥，他们在芜湖设立了灵堂进行祭拜。作为清朝的督府大员，李鸿章在芜湖祭拜母

芜湖大官山上的李漱兰堂，李鸿章家族经营房地产的"总部"。

亲,这本身也是向朝野作一个姿态,我李家的财富全在这里——李鸿章家族的财富后来全得益于米市,随着芜湖开埠和米市的形成,不仅七浩口的米商逐渐迁到了芜湖,周围一带的米商也到芜湖来开店设厂。这么庞大的人群齐聚芜湖,自然会带动芜湖的经济繁荣。李氏家族垄断了芜湖城的房产、金融、仓储、运输等,在江北无为洲,包括和县、含山、巢湖一带,李家田地以百万亩计,李鸿章的财富迅速暴涨,富可敌国。

李鸿章和他的家人在一起。

1936年,粤汉铁路全线通车,依靠水路运输粮食的年代宣告结束,广东不再依靠安徽的稻米,广潮两帮的米商全线撤退。而此时,已在芜湖米市捞不到什么好处的李氏家族,也开始撤出芜湖,迁往上海,上海的崛起给无数怀揣梦想的人提供了绝好的机遇。在芜湖米市积聚了大量财富的李氏家族在上海创业,开始了他们的另一段传奇。

以"中立"为标榜,开始一片繁荣

其实摩登上海的崛起,正是李鸿章所竭力推进的洋务运动的成果之一。正是海上的繁华与摩登造就了张爱玲,张爱玲享受的正是她祖上的荫庇。

李鸿章的崛起与上海的崛起是同步的,那时候是1862年,李鸿章还在湘军曾国藩军中任幕僚。太平天国起兵后,忠王李秀成率领十万太平军从江浙一带气势汹汹直扑上海。那时候上海还是一个滨海小城，上海租界靠着外国列强的势力，以"中立"为标榜，开始一片繁荣。闻听十万大军扑来，一时人心惶惶，有民谣唱："遍地出长毛，夫妻各自逃。"因为此前的李秀成已经连续攻克了宁波、绍兴、杭州等许多城池，所到之处攻无不克，战无不胜。朝廷见状也惊恐万分，请求曾国藩发兵镇压，可是曾国藩兵力吃紧无兵可派。李鸿章得知上海为洋人租界，大量引进外资，正飞速发展，足可以为兵力提供足够的军饷，把这一风水宝地拱手让给太平军实在不太划算，他决定向恩师曾国藩学习，模仿他创建湘军的经历，回合肥老家创办淮军。临危受命的他说干就干，过去父亲李文安就是在老家搞团练起家的，这一套路他很熟悉，老班子人马大体上也都还在。过去办不下去就是缺军饷，现在上海开埠，洋行买办那里有的是钱，李鸿章当即令三弟李鹤章回老家招募旧部团练，短短几个月时间就招兵买马数千人。散兵游勇在安庆集结，号称淮军四大营，但是如何将这帮人马运到上海又是件头痛的事。此时长江下游完全在太平军的控制之下，李鸿章一拍脑袋想出个妙招：拿外国人做幌子。他筹措重金18万两白银，租借7条英国商船，挂上英国国旗，从安庆走长江水路，愣是在太平军的眼皮子底下，分批将9000淮军全部平安地运到了上海。

　　这些来自乡下的兵卒人人衣衫褴褛，被人称为叫花子兵。为了装备他们，李鸿章苦心经营，耗尽心血。当时他身在上海，通过熟人偷偷溜上洋人的军舰，面对洋人的船坚炮利，李鸿章明白了泱泱大国败给西洋小国的根本原因，因为我们的科技文明远远落后于西方文明，洋务运动的框架就这样在他的头脑里形成：一开始仅仅是学习洋人的治军方式，最后要走一条实业救国之路。而十里洋场上海滩，无疑给他提供了最好的表演舞台，他的人生大戏就要在这里登场。在与太平军的几次交战中，他也没有放弃自己的理想，并且脚踏实地落到实处。他的聪明才智被朝廷看在眼里，先任他为江苏巡抚，继任钦差大臣、湖广总督，最后

合肥城内李鸿章故居。

提拔为直隶总督兼北洋大臣。在较短时间内他就达到了他一生事业的顶峰，超越恩师曾国藩，成为晚清第一重臣。

随着李鸿章的步步高升，上海滩那块长江入海口的荒滩在他的手中一夜之间成为远东第一大都会，这是李鸿章推进的洋务运动所开的花、结的果。出任直隶总督后，李鸿章视野愈加开阔，纵观世界各国的发展，痛感中国之积弱不振，原因在于"患贫"，从而得出"富强相因"，"必先富而后能强"的认识，将洋务运动的重点转向"求富"——中国近代最大的民用企业轮船招商局在他手中创办，随后的江南制造局、河北磁州煤铁矿、江西兴国煤矿、湖北广济煤矿、开平矿务局、上海机器织布局、山东峄县煤矿、天津电报总局、唐胥铁路、上海电报总局、津沽铁路、漠河金矿、热河四道沟铜矿及三山铅银矿、上海华盛纺织总厂等一系列民用企业，涉及矿业、铁路、纺织、电信等各行各业。在经营方针上也逐渐由官督商办转向官商合办。随着国门步步打开，太平洋上的浩荡飓风呼啸而至。——是民族的屈辱，也是再生的动力，两种文化的嫁接，仿佛天雷勾动地火，都发生在这片上海滩上。于是乎，宽敞马路开出来了，摩天大楼造起来了，中国人完全陌生的现代文明海啸般地扑来：电灯与电话、洋房与沙发、雪茄与香水、明星与舞女、爱司头与高跟鞋、百乐门与爵士乐、霓虹灯与留声机、跑马场与电影院、狐步舞与威士忌、时装剧与夏时制、电梯公寓和《大美晚报》、印度仆人和法国厨子、茅盾的《子夜》和鲁迅的杂文、好莱坞电影和巴黎流行色、勃朗宁手枪和法兰绒猎装、雪铁龙汽车和章回体小说、美女月份牌和美丽牌香烟、分红式保险和助学式贷款——上海滩由此一红惊天。

但是民谚云"一红有一绿"，文人曰"有盛必有衰"——随着李鸿章的去世，没有了李鸿章的庇护，李氏家族开始走向式微，"富不过三代"的定论得到印证。这时候张爱玲在海上文坛崭露头角，一个弱不禁风的李鸿章后裔，以一支魔笔、一段爱情开始了她在后世长久不灭的人生传奇。要细说起来，张爱玲应该是财富堆砌出来的一个异数——往上数，她的祖先全是穷苦农民；往后看，她晚年最终在美国也沦为穷人，靠政府救济金过活，全部家当就是几只纸箱子——从赤贫回归赤贫，这中间百余年的锦绣浮华，是一个家族幻灭的梦。为什么张爱玲如此喜爱《红楼梦》？曹雪芹几世几劫的轮回报应说到了她心里。李鸿章家族的兴衰史，就是一部活生生的《红楼梦魇》。

由此开始踏上一条通天大路

张爱玲的母亲黄逸梵也是名门望族，祖父黄翼升是清末长江七省水师提督，通常称军门黄翼升，简称为黄军门。黄家在南京留下了大量房产，南京莫愁路上的朱状元巷14号便是，当年被称为军门提督府。在明代，这里本是朱状元府的一部分，黄翼升到金陵任职后，曾将西侧厅改建为生祠，以炫耀其战功，却被人举报。皇帝命人查办此事时，李鸿章为其庇护，黄翼升本来就是李鸿章的老部下。张佩纶的儿子迎娶黄军门的女儿，当初想必是很轰动的，金陵那片带大花园的房子里张灯结彩，厅堂里高朋满座，金童玉女，羡煞了多少世人。但这些都没能给一对新人带来幸福，祖父母"色彩鲜明"的姻缘没能在后代身上延续。张爱玲说起这些家族往事就为母亲愤愤不平。黄逸梵虽然生于大家庭，但却是小妾所生，父母又早逝，因此童年并不幸福，她内心浓重的阴影也影响了张爱玲的个性。

黄逸梵憎恨父亲黄翼升，为了门第葬送了她一生的幸福。但是像黄军门这样出身寒微的孩子，你要他不注重门第就等于要他死。作为无爹无娘的孤儿，他实在是穷怕了。那时候湖南长沙县大河港只是个小村镇，东一个篱笆结成的院落，西一个栅栏围成的院落，零零落落的院落组合在一起，就是这个长沙大河港。村镇上空长年弥漫着一股奇特的香味，那是硝烟独有的气味——此地人爱做鞭炮，至今长沙、浏阳一带仍然是鞭炮之乡。长沙小镇东一个院落西一个院落，多半是鞭炮作坊。苦孩子黄翼升家没有鞭炮坊，他五岁时父母双亡，本姓黄的他被邓氏收养改姓为邓，邓翼升每天一睁开眼就有做不完的活，并且也是吃了上顿愁下顿。才七岁的他就想到鞭炮作坊做鞭炮，但是因为实在太小没人要，只好没事就在作坊外面玩，有时捻拾一些散落的鞭炮掼个响儿听。谁都知道他是个命苦的孩子，谁都知道他喜欢玩掼鞭炮，再不响的鞭炮他也能掼出声。他还会将散落的小鞭炮收集起来，拆开鞭炮合在一起再卷成一个大花炮，长沙人将那种震天响的大花炮称之为雷公，他做雷公的手艺令人惊叹，大家都认为这个孩子长大了可了不得，无师自通竟然会做雷公，如果让他进了标枪队，他一定会造枪造炮。

邓翼升的名气就这样传了出去，长沙小镇大河港人人都知道这个没爹没娘的孩子不得了，邓氏也认定她没有看错人，开始将邓翼升当亲生儿子看待。几年后邓翼升长大了些，就到附近的鞭炮坊当学徒做鞭炮。因为他聪明好学，又因为他手快眼快，他的鞭炮总比别人做得多也比别人做得好，老板很喜欢他。别人一天只管一顿午饭，他中晚两顿饭全在作坊里吃，老板为的是让他晚上加班多做鞭炮。几年鞭炮做下来，可以满师了，可是家中无钱让他开作坊，这门手艺学着无用也只能继续在作坊做工。随着年龄一年年增大，邓翼升对做鞭炮越来越没有信心，就在这时候，他出事了。

那天邓翼升照例在作坊做鞭炮，他确实有点三心二意。捆扎好一盘千子鞭，还没有插捻芯，就随手将鞭炮盘放在案板上，继续再捆另一盘。捆扎好一盘往前一推，捆扎好另一盘往前再推，就将先前的第一盘挤掉下去。眼看着那盘鞭炮要掉下去，他眼快手快伸出手就要去接，手刚刚搭过去，那盘鞭炮就落地了，谁也没有想到落地的鞭炮爆炸了。还好，只是一盘千子鞭，一声巨响之后，他掉头就往外跑，所有的鞭炮开始爆炸起来。幸亏刚刚出货，存货极少，所以没有酿成大的灾难。事过之后他十分后怕，决定不再去做鞭炮。但是不做鞭炮他能做什么？也是命中注定他要参军，几天后长沙镇街头贴出告示，曾国藩创办湘军，招募乡勇进入协标队。邓翼升毫不犹豫地报了名，进入协标队，还当上了小队长，他的人生也由此开始踏上一条通天大路——当然，他后来所有的一切荣耀全都是浴血奋战拿命换来的。

沿长江水系一路打下来

邓翼升在长沙协标队以英勇善战出名，一直远征到广西，那时候整个长沙小城都知道那个从前在鞭炮作坊当学徒的小家伙会打仗。太平军攻陷金陵之后，同为湖南人的曾国藩在礼部当侍郎，奉命回乡办团练，创设湘军水师，听说邓翼升会打仗，曾国藩特地将邓翼升请到帐中对谈一番，果然发现这个年轻人在军事上有过人之处，当即将他调到麾下。

此后，邓翼升和李鸿章就效力于曾国藩，两人一武一文，沿长江水系一路打下来，从湖南岳州一直打到江苏苏州，大大小小的战事不知打过多少。每一次邓翼升都亲自上阵，出生入死，为朝廷平定了太平军和捻军之乱，屡建奇功。1860年，曾国藩上奏设淮扬水师，清廷诏他"于所部将领中，简其才略素着、谋勇兼全者，酌保数员"。当时邓翼升合围安庆成功，李鸿章为福建延建邵道台，同时为曾国藩圈选应命，邓翼升获授江南淮扬镇总兵，几年后又获授代理江南水军提督。后来在《诰授光禄大夫建威将军长江水师提督黄公墓表》这样记载:"公讳翼升,字昌歧,湖南长沙人,形质硕伟,年少自负,考入长沙协标,充队长,始从向忠武公荣剿贼广西,既而曾文正公檄回湘中管带水师右营,广信、九江、湖口、若菱湖、若太平、芜湖、东关运漕、金柱关、东西梁山等隘大都陷阵,儿前无所于避,凡七年由把总累迁至淮扬总兵管带、淮扬水师擢江南水师提督,又拜总统淞沪水陆军之命,西克金陵,东取苏州,始终皆兴其役,又奏平捻指绩,天子念公功高,水师关系重大,曾文正公方立持久章程,即以公补实,又虑长江广远,非一人之耳目所能周察也,复迁杨彭二公互相巡阅,杨公辄称病免,惟彭公独任焉,公与彭公性颇殊,彭公性刚梗,有犯必绳以法,群下惮之如火,公性宽容,有事辄以情谕,群下望之若云,居久之意若不相悦者会因旧上触发请开缺调理,得旨允从拟终老金陵,游豫章事外而已。光绪十八年朝廷再起公为提督,重莅长江二十年,甲午日本寇扰中国,防务棘艰,公劬劳甚,病亦甚,以八月初十日卒于金陵,年七十有七。"

张爱玲从小就听人说母亲黄逸梵头发不太黑,皮肤也不太白,深目高鼻,薄薄的嘴唇,有点像外国拉丁民族的人。邓翼升祖上湖南长沙县这点确凿无疑,他们家族却是唐中叶自江西婺州、浙江金华迁至江西丰城,此为一世祖。明洪武年间初迁湖南长沙县锦绣都二甲大河港,据说最早是从广东迁婺州,此无据可查。但是黄逸梵像外国人的血统据说来自广东,这一点《黄氏家谱》上也没有注明。

《黄氏家谱》撰修于明永乐年间,雍正、乾隆、嘉庆三次续修,上海图书馆收藏有全部刻本,黄翼升的谱系为:天爵—均慈—益先—友贵—源—义六—守瓒—司直—必瑚—启哲—国俊—仕焌(琴轩)—继高(九如)—述略(子斌)—昌歧(翼升)—宗炎(石荪)—绪斌(定柱)—家庆(德贻)。定柱即为黄逸梵同胞兄弟、张爱玲的舅舅,即被张爱玲称为"泡在酒精缸里的孩尸"那位。《黄氏家谱》对邓翼升的生卒功业记载得清晰明白,但是有一点却没有记载,就是曾国藩曾特地为自己的爱将邓翼升奏请复姓归宗。据说在归宗前，两个人进行了一番谈话。曾国藩说："我将上奏你为水师提督，对你来说是实至名归，但是你姓邓不姓黄，此光宗耀祖之事却与黄家无关。"邓翼升说："邓氏将我养大成人，这份恩德永世不忘，而今我也四十有一，年岁虚长，归宗之心越烈。"曾国藩说："看来，我在上奏你为水师提督之前，必得再准一奏，先为你认祖归宗。"

邓翼升从此去邓为黄，黄翼升的名字也重新出现在新修的《黄氏家谱》上。作为有功之臣，黄翼升生前享尽无上荣耀，《诰授光禄大夫建威将军长江水师提督黄公墓表》这样记载："先时公以武功受殊遇，赏戴蓝翎花翎，赏刚勇巴图鲁名号，赐黄马褂，赏一等轻车都尉世职，封三等男，赐紫光阁绘像，紫禁城内骑马，皇太后万寿庆典赏加尚书衔，逮遗摺入照提督列，赐恤，予谥武靖，事迹宣付史馆立传。"

那个至今仍然迷雾重重的刺马案

黄翼升一生与曾国藩并肩作战，是曾国藩的心腹爱将，他一生获得的所有功劳均为曾国藩奏请。因战功显赫，黄军门与名士彭玉麟一起成为曾国藩的左膀右臂。但是这两位出生入死的战友最终却反目成仇，导致黄翼升被革职查办。

彭玉麟，字雪琴，从"雪琴"这两个字上可以看到他的文人风骨，当时朝野上下流传着一句"彭玉麟拼命辞职，李鸿章拼命做官"。彭玉麟不知多少次上书求退，"臣本寒士来，愿以寒士归"。他自小家境贫寒，后来虽然官居一品，也仍然是小帽青衣，没有当官的派头。然举止安详，面容清癯绝俗，颇具名士风流。他喜画梅花，有"乱写梅花十万枝"的诗句。慈禧正是相中他的清高与孤傲，派他整顿水师——因为有人反映黄翼升"渐耽安逸，事多废弛"。彭玉麟穿件旧的灰布长袍，持根湘妃竹旱烟袋，在茶馆里等候这位昔日老友，黄翼升红顶花翎的坐着八抬绿呢大轿姗姗而来，气得彭玉麟立马起身，付了二十文钱茶账，拂袖而去。后来彭玉麟在写给朝廷的整顿汇报上，对黄翼升的处理意见是"劝其自退"，算是给曾国藩留足了面子。

曾国藩是两江总督，李鸿章是直隶总督，都是举足轻重的要职，而黄翼升又是曾国藩的爱将，之所以敢在太岁头上动土，原因之一就是那个至今仍然迷雾重重的刺马案——清代四大奇案之一。这里必须交代一下案情背景：平定太平天国军之后，浙江巡抚马新贻接慈禧太后大恩人吴棠的遗缺，调任两江总督，升官的速度之快让人吃惊，在不到两年的时间内就由二品官升到了疆臣最有实力的两江总督，慈禧和清廷都有他们的考虑。镇压太平天国后，朝野上下传言曾国藩有野心欲谋取帝位。在与太平军作战时，清廷不得不倚重湘军。如今太平军被"荡平"，慈禧绝不允许曾国藩在江南坐大。南方卧着一只猛虎，不知何时会咆哮如雷，让她睡觉也不安心。于是她把曾国藩调离江宁，派马新贻任两江总督，迅速裁撤湘军。对于马新贻，恭亲王推荐的时候说得明白，"马新贻精明强干，操守亦好。他在安徽服官多年，对两江地方最熟悉。剿捻的大功告成，湘军裁遣回籍，要马新贻这样的人，才能把那些骄兵悍将，妥为安置"。

马新贻上任后不久，在总督府举行一年一度的总督阅射，这是江宁一大盛典：前有旗牌引道，后有众多护从随侍，骑兵列队，威武雄壮，这盛大场面允许百姓参观。就在总督阅射完毕转身回府衙之时，忽然从路旁人群中冲出一个老人，头顶状纸，大声喊冤。清政府有明令，地方官员遇到拦路喊冤的人必须接状，以示关怀百姓疾苦，所以大官外出，遇到拦路喊冤的人是常事。护卫人员接过状纸递给总督，马新贻正在一目十行地看状纸，突然间又跳出一个三十多岁的男子，手执四寸匕首，刀光一闪，便刺进了马新贻右肋，一阵猛刺，马新贻扑倒在地。护卫迅速上前抓住刺客的辫子，夺过匕首将其扭住。刺客并不逃跑，操着北方口音高声嚷道："刺客就是我，张汶祥，大丈夫一人做事一人当！"说毕仰天狂笑，从容就缚。

针对刺客张汶祥为何要刺杀马新贻，朝廷查了又查，张汶祥供了又供，几番结案几番翻供，最后不了了之，至今仍然是一个谜。而围绕着这起著名的刺马案，案发几个月后上海就有人编成戏文上演了，一直到香港导演陈可辛的《投名状》，仍然以此故事为蓝本。而案件的真相在众说纷纭中越发扑朔迷离，发展到最后，连史学界都不肯深究了。这方面最具代表性的就是台湾史学家高阳先生，他推论的结果认定幕后真凶是江南水师提督黄翼升。但是又有人反驳：第一，以马新贻两江总督的身份，黄翼升就算有两个胆子也不敢刺杀马新贻。第二，马新贻被刺后，幕后主使者调用的力量绝非一个江南水师提督所能调动的。第三，如果真是他干的，就一个水师提督，慈禧太后马上就可以把他绑到菜市口，何必如此瞻前顾后，裹足不前？由此几点可以看出，黄翼升绝非幕后主使，他不过是某些人手里的一个走卒而已，真正的幕后主使应该是湘军的主帅曾国藩。曾国藩与黄翼升绝非一般意义上的上下级关系，而是通家之好。黄翼升的原配陈氏虽诰封一品夫人，却认曾国藩夫人为义母。曾国藩曾纳妾，所有的安排均由黄翼升筹办。也许慈禧对这一切早就心知肚明，但是因为摇摇欲坠的朝廷对曾国藩不得不器重，她也只好忍气吞声。最终曾国藩去世，朝廷终于拿黄翼升开刀。这次慈禧太后学乖了，不敢公然对抗湘军，而是派出湘军内部颇有正义感的梅花寒士彭玉麟，让他踏雪抚琴，以湘制湘。

大量遗产让叔侄们眼红滴血

张爱玲在《对照记》中说："我外婆是农家女，嫁给将门之子作妾——他父亲是湘军水师。她大概是他们原籍湖南长沙附近的人。他们俩都只活到二十几岁，孩子是嫡母带大的。"张爱玲明确无误地提出外婆是农家女，并且指明是长沙附近的人。

黄翼升原配是陈氏，继配是余氏——也许是常年征战各地不便带家眷，黄翼升婚后一直没有育子。张子静在《我的姐姐张爱玲》中说：

"直到灭了太平天国次年,他已经四十七岁,夫人才生下独子——我们的外祖父——黄宗炎。"这一对父子一模一样,黄宗炎结婚后原配也一直不曾生育。黄翼升一直到1894年去世时,膝下仍无孙辈。黄宗炎的原配看着心里着急,亲自回到长沙为黄宗炎买了一个姨太太,这时候家里已有三房姨太太。

黄翼升去世时黄宗炎30岁,袭了一个官职:广西盐道。这是一个相当不错的阔差事,他很开心,带着新娶的姨太太走马上任了。可是因为水土不服,到任不久就染瘴疠去世,姨太太只好扶柩回到金陵朱状元巷的黄府。这时候黄府已经闹得不可开交,因为黄翼升一生做官,在金陵留下了大量房产和金银财宝。当时慈禧痛恨曾国藩也是事出有因:曾国藩统领的湘军虽然战功显赫,但是每到一地,烧杀抢掠,中饱私囊,每一个湘军头领家中无不金银成山。一人之下万人之上的曾国藩、黄翼升、李鸿章的钱财更是多得不计其数,当然像彭玉麟这样只晓得画梅花的寒士除外。贪官之间为了利益也通过儿女亲家结成利益链,除了黄翼升的女儿黄逸梵嫁给李鸿章的外孙之外,黄翼升与李鸿章家还另有两宗姻亲:一宗是黄翼升的四女儿嫁李鸿章之弟李凤章的八儿子李经湖。黄宗炎的一房太太即合肥张绍棠的女儿,而张绍棠迎娶的正是李鸿章的妹妹。这枝枝蔓蔓的姻缘把他们紧紧缠绕在一起,无法剥离,形成一荣俱荣、一损俱损的裙带关系。

黄翼升身后留下的大量遗产让黄家叔侄们眼红得要滴出血来,因为在当时社会,女性是没有继承权的,将家产分给女儿,那就是意味着将家财分给别人家,这是他们无法接受的。黄宗炎走后,黄翼升的家产只能留给那些远房的子侄——这些湘人很厉害,为了霸占财产,私下里商量要将这三位弱不禁风的女性赶出家门。族里长老宣布后,大太太才面色沉静地站起来,她也不是软弱无能之辈,她是湘军一个首领的女儿,自小见过大场面。她平静地说:"财产是你们黄家的,我们三个女人也抢不走,早晚都要归你们,你们也别太急,让旁人看着难看。现在有一个情况你们可能不知道,三姨太有了身孕,这可能是黄家的种。我想你们也别太猴急,一切等孩子生下来再说。如果不幸生了女儿,我们三个马上卷铺盖走人,谁叫我们是这个命?到时再把家产给你们分也不迟,也不过就是几个月的工夫。黄家是黄军门,一向是湖南人高看的人家,别做出下作之事丢了黄军门的好名声。"几句话说得黄家子侄一个个龟缩着,不敢再轻举妄动——当然,她说得也实在是入情入理,没有任何把柄让人抓住。

后来传说三个黄家寡妇闹了一出"狸猫换太子"的绝招,派出漂亮的二姨太把日夜把守的湘军兵丁勾引上床,结果暗度陈仓,在三姨太阵痛发作生下了一个女孩后,将一位外姓人家生下的男婴偷运进来说是双胞胎,结果男婴以黄家之子的身份保住了黄家肥水没有流进外人田。这个传说基本上是乌龙。中国人是在一大堆人观看中来到人世,又在一大堆人观看中离开人世。黄宗炎三姨太生产时,黄家大院里里外外被人围得水泄不通,黄家子侄们就等着这一天,他们提心吊胆地倾听着产房里的细微响动,因为黄家的巨额家产属不属于他们将在这一刻见分晓,男人们的虎狼之心早提到嗓子眼上,女眷们则全拥在产房里。三姨太在阵痛中死去活来,一个女婴就在她声嘶力竭的哭喊中来到人世,大家一看是个女的,哭声一片。大太太哭昏过去,她一心一意想要保住黄家家产,最终还是被别人瓜分,女佣们也是哭成一片。听到哭声,外间的男人们却喜笑颜开,因为他们的梦想已成为现实。大家一声呼号,就冲进来找大太太要账本,产房里顿时乱作一团,大家把产妇丢在一边,围绕着账本乱成一锅粥。小丫鬟听到产妇孤身一人在产房里惨

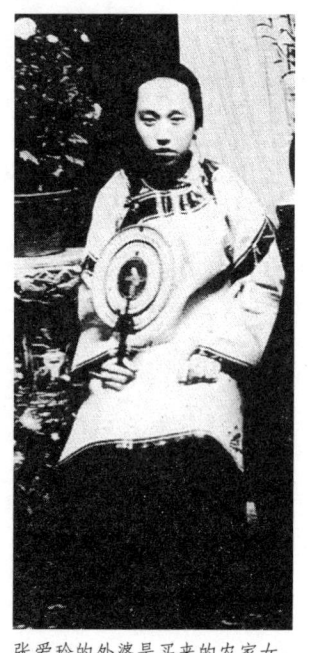

张爱玲的外婆是买来的农家女。

叫，进来一看，惊呆了，三姨太又生下一个婴儿在红漆踏板上，那婴儿的哭声洪亮，分明就是一个男娃。她尖声高叫："又生了一个，是男的。"

这男娃就是张爱玲的舅舅黄定柱，这女娃就是张爱玲的母亲黄逸梵。

即在北洋政府也算是"官声不好"

谈到继母孙用蕃，张爱玲说："我穿着我继母的旧衣服。她过门前听说我跟她身材相差不远，带了两箱子嫁前衣来给我穿。她父亲孙宝琦以遗老在段祺瑞执政时出任总理，即在北洋政府也算是'官声不好'的，不知怎么后来仍旧家境拮据。"谈到怨恨的继母，张爱玲开始不顾事实，以"官声不好"来形容孙宝琦。

据《孙氏族谱》记载，孙用蕃家这一支最早发脉福建惠安、乐安孙氏，是战国时期齐景公封田于此赐姓而成，先人有孙武、孙膑等军事家。后迁至泉州，传至二十三世时，出了个世孙孙人凤。孙人凤中举人，是杭州城里著名的塾师。其子孙诒经，字子授，清咸丰十年（1860）中进士，选翰林院庶吉士，太平军攻占杭州时，乞假归奉其母。同治元年（1862）起，与宁绍台道张景渠统率清军，在浙东镇压太平军。历任户部侍郎、内阁学士、翰林院侍讲、国史馆纂修等，三年后入直南书房，成为光绪帝师。

当时同为光绪帝师的有孙家鼐、翁同龢等名家，孙诒经一度专为光绪帝讲《中庸》。某日课讲完与皇上在毓庆宫闲聊，忽然有同僚来找孙诒经有事。光绪皇上看到他的同僚西装领带，胸口还挂着一块闪闪发亮的东西，便问孙诒经："那是什么东西？"孙诒经说："是西洋表啊，皇上。"光绪皇上再问："西洋表是什么东西？"孙诒经说："就是掌握时间的东西。"皇上当即大怒，上前从他同僚胸口狠狠拉下西洋表，扔在地上："没有这东西，就不知道时辰吗？"孙诒经吃惊地看着光绪帝，不知道他的气为何这样大。过了几天，他又看到桌案上有一排小泥偶，全都是欧洲人种，光绪帝用小刀将他们的脑袋瓜子一个个统统削掉，嘴里说："杀尽洋鬼子。"孙诒经这才明白皇上原来如此痛恨洋鬼子。其实宫中多的是奇形怪状的西洋巨钟，都是以前欧洲各国进献给乾隆皇帝的，光绪帝不可能不知道，他这是明知故问，要表达的就是对洋人的仇恨。

孙诒经死于光绪十六年（1890）那场名震京城的奇怪瘟疫，那场瘟疫到现在仍然像个谜一样，时不时被专家学者考证一番，但是同样又一无所获，又被搁置在霉味扑鼻的陈简旧籍中。说起那场奇怪的瘟疫不得不提到那年帝都奇怪的天象，据当时上海的《申报》报道，"大雪以后，四野天低。一轮日黯，朔风不竟，饶有望云思雪之意，而连朝欲雪不雪，似烟非烟，一片阴霾，弥漫空际。且天时奇暖，不特河道未见冰凌，即沟壑之中，冻者半，未冻者亦半，非天道自南而北，即寒暑之愆期。气候之不正也，或者恐酿冬瘟，不禁又切杞人之忧矣。"孙诒经的同事翁同龢也在日记中记道："晴，尚暖。俗云小雪封地，大雪封河，今大雪地犹未冻，午忽雾塞，阳气不收之征也。未晴风起，仍不甚寒。"也就在这天傍晚，张佩纶则在《涧于日记》中这样记载："忽觉疲不支，饭后漱洗即枕，后胃气郁勃，起于腹中，上振囟门，下窜腰际，五夜不能合目，急起静坐，始稍敛摄。终不得半晌眠也。"次日延医视之，"投以疏散之品，不效"。李鸿章建议他服用金鸡纳霜，张佩纶"自知病伏已久，而发之猛，非中医所能治也。且疫气方炽，停留长智，非速攻不可。午后肚热，时作谵语，困甚"。几天里，张佩纶连续服药，至二十九日热退病清，身体康复。

张佩纶患的是疟疾吗？有点像，因为他是服用了进口的抗疟疾特效药金鸡纳霜痊愈的。李鸿章相信西医，他建议女婿服用金鸡纳霜并不令人意外。张佩纶在日记中写道，他患病时，李鸿章"每日必陪医两次"。家住天津的张佩纶侥幸痊愈，住在京城的他的好友、工部尚书潘祖荫却在第二日发病去世。这时帝都瘟疫的传闻铺天盖地传出来，张佩纶急得不行，打听到许多同僚老友都犯了病，赶到京城去看诸位，包括孙诒经，"出西长安门问孙子授疾"，发现他"痰喘甚重"，次日便去世。张佩纶在日记中说："七日之中两哭吾友，伤己，子授亦谅直之友哉。"

其实不仅仅是张佩纶的好友孙诒经、潘祖荫去世，怡亲王也未能幸免。包括张佩纶曾经的"对头"彭玉麟、湘军同僚杨岳斌、河南巡抚倪文蔚、山西巡抚卫荣光、闽浙总督李鹤年、醇亲王奕譞、曾国藩的弟弟曾国荃、叔叔曾纪泽等都纷纷在这场突如其来的瘟疫中驾鹤西去。至于民间死去的百姓，更是成千上万。瘟疫如同一阵狂风，飞沙走石席卷而过，宫中一株苍老的槐树一时黄叶纷飞，一时老臣大臣如秋风中的黄叶一片凋零。

逃亡在西去长安的路上

瘟疫过后，京城渐渐恢复往日的金碧辉煌，一切如常。有杭州城最著名的塾师祖父，有北京城里最有名的帝师父亲，孙宝琦自幼又好经世之学，在育才馆攻读英文和法文，成绩优异。毕业后在孙诒经的帮助下，弄了个直隶候补道，主持开平武备学堂，学生中有吴佩孚、萧治国等人，为他日后纵横政坛打下了基础。

孙宝琦真正发迹在庚子事变之后，八国联军进攻北京，太后和光绪帝仓皇逃往西安，在军机处任职的孙宝琦护驾随行。由于他通晓英文、法文，又精通电码，被指派办理军机处电报事务。当时，李鸿章正在北京和八国联军首领瓦德西谈判，两地函电频繁，孙宝琦凭借惊人的记忆力，译电快速且准确，受到慈禧太后和庆亲王奕劻的赏识。奕劻还主动向他提亲，想让自己的五公子迎娶孙家二小姐孙用智。孙宝琦吓得要死，慌忙说："我怎敢把女儿嫁给你家公子？我办不起嫁妆呀！"庆亲王爽快地说："别着急，我有办法，到时候我派人把东西送到府上，新媳妇过门时再带过来便是。"女儿结婚时，果然按奕劻说的办，孙宝琦挣

孙用蕃的父亲孙宝琦。

足了面子。不过这都是后话,当年他陪着太后与皇上狼狈不堪地逃亡在西去长安的路上。这一路上让他吃尽了苦头,为了怕百姓认出也怕遭土匪劫杀,太后西逃并没有携带金银财宝,只是带了些散碎银子。并且太后、皇上和宫中格格们全化装成平民百姓,坐的也是牛车、驴车,一个个衣衫褴褛面呈菜色,不成人样。不成人样这可不是装的,太后还头发蓬乱,穿着一件污痕斑斑的蓝布衣服,谁都不敢相信她是威仪天下的太后,就如同乡间一个无儿无女的孤老太。连日奔走尘灰满面,有时候连口水也喝不上,好不容易找到一口井,正要打水却发现井里浮着个血肉模糊的人头。大太监李莲英没办法,只好在路边打了些高粱秆子,让太后和皇上嚼着高粱秆子吸些甜汁水。有时候晚上就在破庙里歇息,有时连破庙也找不到,就靠在麦草垛上躺一夜。夜里冷得不行,太后根本睡不着,孙宝琦看不下去,脱下衣服给太后穿。第二天啥吃的也没有,孙宝琦出京城时忍着饿留了三个熟鸡蛋,他悉数给了太后和光绪帝。太后拿着熟鸡蛋也不舍得吃,只是老泪直流。后来三天她就吃了三个鸡蛋,一天只吃一个。一直到第四天走到一个村庄，才向村民乞讨了一簸箕窝窝头，太后才头一次吃饱了肚子。这天下着大雨，路上一片泥水，一行人在农家柴房里待了大半天，后来雨停了路上仍然一片烂泥，不能走。但是农妇看他们不走显然不高兴，怕他们招来兵匪殃及他们。太后和皇上商量，决定马上上路。可是一上路才知道，表面上看路面是干的，牛车驴车行驶过后，车轱辘上立马粘上大团大团的泥巴，泥巴很快糊住了车轱辘。眼看着就要走不动了，孙宝琦急了，马上上前用力推。随从们在孙宝琦的带领下一起用力推着太后与皇上的驴车上了路。孙宝琦一直跟在太后车后，遇到车子走不了了，他便上前推，整个人很快就成了泥猴，浑身上下到处都是泥巴。慈禧看在眼里，记在心上，她对光绪帝说："看到了吧？什么叫忠臣，什么叫奸臣，逃难的路见得分明。"光绪皇帝一言不发，只是默默地点点头。

一年后慈禧太后和光绪帝重回京城，孙宝琦开始平步青云，以驻法国及西班牙钦差的身份漂洋过海前往巴黎。他留心法国的政治制度，考察兵工厂和机器厂，随后向清政府上万言书，主张变法维新。其间，恰逢孙中山伦敦蒙难后抵达巴黎。一名满族留学生获悉同学王发科秘密参加了孙中山创办的兴中会，将孙中山骗到旅馆关押。孙宝琦得知后，通知孙中山赶快转移，并奉送一笔旅费，孙中山才得以脱离险境。回国后孙宝琦当上山东巡抚，民国初年又摇身一变，成了北洋政府的外交总长，最终在1924年年近六旬时两度出任内阁总理。走马上任后，他提出了一系列大刀阔斧的施政纲领，但是实施起来阻力重重。内外交困让他这个内阁总理举步维艰，各方势力的角逐又让他头痛欲裂，加上财政吃紧、政局飘摇，他唯有辞职，离开了前后加起来任职仅半年的总理职位。离开北平赴上海闲居时，他两袖清风，连欠下的房租都付不起。房东是建造北海的工程师，因敬佩他的为人，手一挥，说："算了，算了。"但是孙宝琦实在过意不去，将从国外带回来给女儿的两架钢琴抬去充抵房租。

张爱玲当年对继母孙用蕃带给她的两箱子旧衣服耿耿于怀，说的那番轻狂言论纯粹是站着说话不腰疼，少年不知愁滋味。

竟有"孙家的女儿大家抢"之说

在张爱玲眼里，凡涉及到继母孙家的，必定是不好的。说孙家的"官声不好"也就是名声不好听的意思。张爱玲说孙用蕃与她的闺蜜陆小曼"都是吞云吐雾的芙蓉仙子"，抽鸦片烟。但是另一种说法却是，两度出任民国总理的孙宝琦因治国治家均清廉严正，子女个个品行端庄，使得京城内的豪门大户争相与孙家攀亲，竟有"孙家的女儿大家抢"之说。孙宝琦的官场经历也证明了这一点，包括孙用蕃送给张爱玲的两箱旧衣裳，不是也证明了孙家确实清贫？连张爱玲都瞧不上的旧衣裳，他们也当成好东西来送人。孙用蕃当年打开箱子时就对张爱玲说："虽然是旧的，料子却是好的。"

孙家入宫多年，家大业大，在京城显赫一时。孙家的公子、小姐一大群，出门赴宴或是上戏园看戏，呼啦就是一大群人，动辄车马成堆。蜂来蝶去、衣香鬓影之中，引人注目是肯定的。孙宝琦与著名的朝廷邮政大臣盛宣怀是一门"双重"的亲家。

一重是盛家最得宠的四公子盛恩颐，娶了孙宝琦的大女儿孙用慧；另一重是孙家的四公子孙用岱，娶了盛宣怀的亲侄女、四弟盛善怀的独生女儿盛范颐。两家都是累世为官，而且都在京城做官，又都是南方人，生活习惯相近，于是亲上加亲，好上加好。后来差点又产生第三重亲来，即盛家四小姐盛樨蕙的三公子邵云骏，看上了孙家大女儿孙用慧的大女儿盛毓青，一对年轻人很快就难舍难分。可是谁知后来邵家与盛家又打起了官司，大人们不开心，孩子们的交往也就受到了限制。后来官司又撤了，据说是盛家人摆平了此事。官司不打也就罢了，一对好姻缘也让他们拖黄了。

孙家的"双重"亲家其实不止盛宣怀一家，和袁世凯也是儿女亲家,而且也是"双重"。孙宝琦的五小姐嫁给了袁世凯的七公子袁克齐,十几岁就订了婚;袁世凯的六小姐袁篆桢又嫁给了孙宝琦的侄子为妻。孙宝琦与袁世凯说起话来投机得很。孙宝琦家不仅与袁世凯是儿女亲家,跟许多皇朝贵族、京卿大吏也都是儿女亲家。他的二小姐孙用智嫁给庆亲王奕劻的五公子载伦;三小姐嫁大学士、总理衙门大臣王文韶的孙子;四小姐孙用履被皇帝近臣宝熙看中了,成了大甜水井胡同宝大人家的媳妇;五小姐嫁袁世凯的七公子。孙家三少爷娶的是冯国璋之女,四少爷又娶的是盛宣怀的侄女。豪门串豪门,贵族加贵族,你中有我,我中有你,全是自己人,所以孙家在京城鼎盛一时,大路通天。

孙家虽然显赫,但是因为孙宝琦清廉刚正,从不刻意积蓄私产,加上多次辞官,家眷众多,经济上常常捉襟见肘。每次辞官离京,都是由他的朋友和旧属为之操办行李和路费。最后一次辞官南归故里,由于杭州的祖宅已年久失修不能居住了,况且当初从杭州出来只是孙诒经带着几个儿子。而现在却是老老少少外加仆佣五十多人,那间小房子怎么也住不下。一时在故乡找不到这么大片宅子,马上建造也来不及。而就在此时孙宝琦突然又得了重病,无法行走。上海的大人物哈同得知,马上让出哈同花园让他们一家搬进来。哈同仰慕孙宝琦的名声,几十口人一

孙宝琦和他的大家庭。抱在手里的那个孩子便是婴儿时代的孙用蕃。

并住进去他也毫无怨言。后来孙宝琦一天天病重,也不能老住着人家的房子,一个老友找到了位于繁华的爱文义路上的小洋楼——这里正是北洋政府时期著名的汉冶萍公司上海办公地。孙宝琦当年在此参与过公司筹划,并出任汉冶萍钢铁公司和招商局董事长,没想到晚年的他竟然会在此终老。

床头挂着陆小曼送给她的"瓶花"

现在的北京西路就是老上海的爱文义路,就在原爱文义路静安寺起点处,一片逼仄空间里藏着一幢小洋楼,它就是张爱玲继母孙用蕃度过少女时代的老房子。

一个世纪的漫漫岁月悄然流逝,现在已无法重现孙用蕃在此度过的花季雨季。全家搬入小洋楼以后,孙宝琦虽不再做官,但瘦死的骆驼比马大,孙家的派头还是非同一般,只是家底确实已经空了,但是孙家还是死撑着,要面子。孙家姐妹嫁的嫁了,留在家里的老小姐孙用蕃过的是节衣缩食的苦日子。她和陆小曼一直是闺中密友,孙家搬到上海不久,正好陆小曼与徐志摩也移居上海,孙用蕃与陆小曼又恢复了来往。但是此时孙用蕃连外出消费的钱也没有,只好在家招待陆小曼。爱文义路离著名的百乐门歌舞厅并不远,走过去只需要几分钟,孙用蕃却一次都没有去过。有时候和陆小曼坐在屋顶阳台上听着从百乐门传过来的歌,歌女尖细的嗓子带给她淡淡的惆怅。三十多岁的老姑娘至今仍然待字闺中,连陆小曼也为她着急,替她介绍了好几个,都是高不成低不就,最后不了了之。当时陆小曼迷上了画画,一到孙家就铺纸研墨画画,后来孙用蕃一直挂在床上的那幅画"瓶花",就是陆小曼特地画了送给她的。

在这幢小洋楼里住了多年,最后孙宝琦又搬到一个名叫"择邻处"的地方。孙宝琦一共有五房太太,每房姨太太的住处既独立又集中,既互不干涉又和睦相处,这是孙宝琦的治家手段。"择邻处"对他来说大有深意:"昔孟母,择邻处"——是中国儒家思想,亦是孙宝琦的治国方略。这时候孙宝琦靠着汉冶萍钢铁公司的一点车马费再也撑不下去,他的生命也走到了尽头。1931年2月3日,孙宝琦病逝,前往孙宅凭吊的亲友达一千多人。段祺瑞、曹锟、颜惠卿、袁云台等政坛名流纷纷发来唁电,表示哀悼。徐世昌送来挽联一副:"门多歇浦三千客,家少成都八百桑",先将他比作一代名相诸葛亮,一生廉洁无私,身后只留下八百棵桑树。又说他像战国时的春申君黄歇一样好客,门生故旧超过三千人。

至此,风云一时的孙氏家族开始风流消散,孙用蕃已经36岁,一个36岁的老姑娘再没有挑剔的念头,她遇到了张爱玲父亲张廷重,她嫁给了这个离婚的男子,成为两个孩子的继母。她一定带着满腹委屈,一定有说不出的苦楚。据说介绍这份婚姻的是她的大哥孙用时,当时张家虽已败落,仍有19处房产,结果没几年时间通货膨胀加上坐吃山空,所有房产挥霍一空,只得搬到大律师吴凯声在江苏路285弄的一间10平方米的亭子间居住——285弄的老居民都记得那个举止高雅的老太太。张爱玲对孙用蕃没有任何好感,听说父亲再婚,第一个冒出的念头就是想将继母从阳台上推下去,一了百了。在她的印象中,所有的继母都是狠毒的,当然也包括孙用蕃,所以她与孙用蕃是天敌。而张子静一直和她生活在一起。后来他去浦东乡下教书,孙用蕃长年孤身一人生活。为了省钱,她和邻居合用一个保姆,冲冲热水瓶,磨磨芝麻糊。她喜欢弄堂里的小孩,给他们吃蜜饯与糖果——当时她手头很紧,一

晚年的孙用蕃。

老上海爱文义路上的小洋楼,孙宝琦寄居之地。

直是靠变卖家产来维持生活。早先卖的都是不好卖的老货,座钟、照相架子、裘皮大衣——都是老古董,因为太需要钱,就三钱不值两钱地变卖了。

离开爱文义小洋楼和择邻处之后,孙用蕃在上海各处老弄堂辗转迁居,最终落脚江苏路285弄那个狭小的亭子间——这里是吴凯声的房产。吴凯声与妻子爱伦育有三子,其一为吴立岚——吴立岚娶了海上才子邵洵美之女邵阳,生下儿子吴征,吴征后来与著名主持人杨澜结婚,创立阳光卫视并出任总裁。当年作为海上名流的孙用蕃,晚年却不得不寄人篱下。爱伦早年见识过孙用蕃的美貌,"文革"时期在老房子里与孙用蕃再度相逢时,她有点不敢认了:孙用蕃当时已经半盲,五官都移位了,眼睛上敷着怪怪的东西,用一点点余光看人,手里的"士滴克(手杖)"依然是老货。她讲话还是标准的北京话,非常标准,不是那种胡同串子的京腔,偶尔带几分苏州音。她走路的姿势也变了,像一只断脚蟹,也没有人扶着。她死在1986年,老邻居都记得那一幕:火葬场收尸的三轮摩托开来,旁边的车斗真像棺材,小孩子越看越害怕,只有一个俗称大脚疯的女人在哭,哭得像唱山歌一样,好像是在完成某种仪式。这个大脚疯是湖州来上海的娘姨,是孙用蕃与邻居合用的那位仆佣,她喜欢用篦子沾水,将鬓髻梳得溜光水滑。她的本名没有几个人知道,小孩子背地里都叫她大脚疯,她得过丝虫病,有一条腿很粗。

摩\登\时\代

第四章

时/髦

"生活的艺术,有一部分我不是不能领略。我懂得怎么看'七月巧云',听苏格兰兵吹 bagpipe,享受微风中的藤椅,吃盐水花生,欣赏雨夜的霓虹灯,从双层公共汽车上伸出手摘树巅的绿叶。"

——张爱玲

不喷香水的女人，没有未来

《红玫瑰与白玫瑰》中振保在巴黎读书时，是个本分又性感的童男子，那样子如同照着赵文瑄的样子来写的，这部电影亦是赵文瑄和陈冲主演。振保头一次在巴黎接触妓女，张爱玲写道："外国人身上往往比中国人多着点气味，这女人自己老是不放心，他看见她有意无意抬起手臂来，偏过头去闻了一闻。衣服上，胳肢窝里喷了香水，贱价的香水与狐臭与汗酸气混和了，是使人不能忘记的异味。"

振保酷爱这贱价香水的气味，张爱玲也喜欢，她的嗅觉就是异于常人，曾经如此坦言，"不知为什么，颜色与气味常常使我快乐"。所以，张爱玲常常入了迷似的描写气味，她沉迷于"雾的轻微的霉气、雨打湿的灰尘、葱蒜、廉价的香水"，"用汽油擦洗衣服，满房间都是清刚明亮的气息"，"牛奶烧糊了，火柴烧黑了，那焦香让我闻见了就觉得饿"。她是如此俗气，烧焦的牛奶、廉价的香水她统统喜欢。生活在"赤刮刺新"的老上海，迷恋于烟花红尘，又如何能少得了香水？香水气味一直在她领袖间袅袅，她笔下烟视媚行的女子，就宛若一款款或浓或淡的香水——《十八春》里的曼桢，是装在水晶瓶里的名贵香水，美丽而易逝；《金锁记》中七巧，是劣质香水，机缘巧合地装在水晶瓶中，气味依然刺鼻；《倾城之恋》中白流苏，是高档香水，却被随便装在玻璃瓶中，丢弃一角。还好，一个懂香水的男人发现了她，怜香惜玉地收藏起来。

女人的一生，其实就如同一瓶香水，越有味道的女人，越是幽香久远，比如爱香水的张爱玲，到如今依旧沉香袅袅，不绝如缕，像一瓶不

张爱玲喜爱的香奈儿香水。

易挥发的香水——她不但喜欢香水，也爱送人香水。"张迷"水晶曾在《夜访张爱玲》中说："访谈从晚上七点半直到凌晨三点，涉及张氏的创作及在文学史上的评价，让我们看到了她逸兴遄飞、笑容可掬的神态。她早已准备好一份礼物，因为知道我去年订婚了，特地去购买了一瓶八盎司重的香水，送给我的未婚妻。这使我非常惶愧，因为来得匆忙，没有特别预备什么东西送给她。"另一位陈少聪，1969年秋在加州大学附设的中国研究所语言部门供职，有幸做张爱玲的助手，和张的办公室只隔一层薄薄的木板，呼吸之声相闻，却从不来往。一次偶然得知张爱玲得了感冒，便悄悄买了中药放在她寓所门口。次日来上班，桌上放着一张张爱玲留的纸条，写着"谢谢"二字，纸上压着一小瓶香奈儿5号香水——香水在这里，让我们看到张爱玲温暖、温情的一面。

著名小说《色·戒》当中，王佳芝在咖啡馆等着易先生，"她打开手提袋，取出一瓶香水，玻璃瓶塞连着一根小玻璃棍子，蘸了香水在耳垂背后一抹。微凉有棱，一片空茫中只有这点接触。再抹那边耳朵底下，半晌才闻见短短一缕栀子花香"。这是王佳芝准备暗杀老易前的一个小插曲。栀子花味的香水是浓郁的，而玻璃瓶塞连着的玻璃小棍却是冰凉的，还有棱，真是奇特的感觉——冷暖之间的情感纠缠，说不清也

不喷香水的女人，没有未来

《红玫瑰与白玫瑰》中振保在巴黎读书时，是个本分又性感的童男子，那样子如同照着赵文瑄的样子来写的，这部电影亦是赵文瑄和陈冲主演。振保头一次在巴黎接触妓女，张爱玲写道："外国人身上往往比中国人多着点气味，这女人自己老是不放心，他看见她有意无意抬起手臂来，偏过头去闻了一闻。衣服上，胳肢窝里喷了香水，贱价的香水与狐臭与汗酸气混和了，是使人不能忘记的异味。"

振保酷爱这贱价香水的气味，张爱玲也喜欢，她的嗅觉就是异于常人，曾经如此坦言，"不知为什么，颜色与气味常常使我快乐"。所以，张爱玲常常入了迷似的描写气味，她沉迷于"雾的轻微的霉气、雨打湿的灰尘、葱蒜、廉价的香水"，"用汽油擦洗衣服，满房间都是清刚明亮的气息"，"牛奶烧糊了，火柴烧黑了，那焦香让我闻见了就觉得饿"。她是如此俗气，烧焦的牛奶、廉价的香水她统统喜欢。生活在"赤刮刺新"的老上海，迷恋于烟花红尘，又如何能少得了香水？香水气味一直在她领袖间袅袅，她笔下烟视媚行的女子，就宛若一款款或浓或淡的香水——《十八春》里的曼桢，是装在水晶瓶里的名贵香水，美丽而易逝；《金锁记》中七巧，是劣质香水，机缘巧合地装在水晶瓶中，气味依然刺鼻；《倾城之恋》中白流苏，是高档香水，却被随便装在玻璃瓶中，丢弃一角。还好，一个懂香水的男人发现了她，怜香惜玉地收藏起来。

女人的一生，其实就如同一瓶香水，越有味道的女人，越是幽香久远，比如爱香水的张爱玲，到如今依旧沉香袅袅，不绝如缕，像一瓶不

张爱玲喜爱的香奈儿香水。

易挥发的香水——她不但喜欢香水，也爱送人香水。"张迷"水晶曾在《夜访张爱玲》中说："访谈从晚上七点半直到凌晨三点，涉及张氏的创作及在文学史上的评价，让我们看到了她逸兴遄飞、笑容可掬的神态。她早已准备好一份礼物，因为知道我去年订婚了，特地去购买了一瓶八盎司重的香水，送给我的未婚妻。这使我非常惶愧，因为来得匆忙，没有特别预备什么东西送给她。"另一位陈少聪，1969年秋在加州大学附设的中国研究所语言部门供职，有幸做张爱玲的助手，和张的办公室只隔一层薄薄的木板，呼吸之声相闻，却从不来往。一次偶然得知张爱玲得了感冒，便悄悄买了中药放在她寓所门口。次日来上班，桌上放着一张张爱玲留的纸条，写着"谢谢"二字，纸上压着一小瓶香奈儿5号香水——香水在这里，让我们看到张爱玲温暖、温情的一面。

著名小说《色·戒》当中，王佳芝在咖啡馆等着易先生，"她打开手提袋，取出一瓶香水，玻璃瓶塞连着一根小玻璃棍子，蘸了香水在耳垂背后一抹。微凉有棱，一片空茫中只有这点接触。再抹那边耳朵底下，半晌才闻见短短一缕栀子花香"。这是王佳芝准备暗杀老易前的一个小插曲。栀子花味的香水是浓郁的，而玻璃瓶塞连着的玻璃小棍却是冰凉的，还有棱，真是奇特的感觉——冷暖之间的情感纠缠，说不清也道不明，无法分清性多于爱，还是爱多于性。所以，每当阅读到书中有关香水的细节，总会让人浮想联翩：香水不仅仅是香水，更多的是香水之外的东西。只是我不明白，哪一款香水会有栀子花的香味？是张爱玲刻意误导还是王佳芝的爱情错觉？张爱玲在这里如此细腻地描写香水，透露的是她个人的审美与偏爱，也是她与王佳芝作为女性的共同的潜意识，即便在这样生死攸关的时刻，也忘不掉女人的天性——栀子花味的香水在这里是诱饵是自恋是暗示，她假戏真做，把假情人当了真。最后她被老易杀了头一点也不冤枉，男女间游戏本来就不可以当真。

在这里，张爱玲特地点明，这款香水是"栀子花香"——栀子花是乡野之花，可在老上海也多的是。据说在老上海弄堂里，一到初夏傍晚时分，小贩子"栀子花、白兰花"的吆喝此起彼伏。张爱玲想必耳熟能详，她这样写栀子花："黄梅雨中，满山醉醺醺的树木，发出一蓬一蓬的潮湿的青叶子味；芭蕉，栀子花，玉兰花……生长繁殖得太快了，都有些杀气腾腾"，"三朝回门，铮铮褪下了青狐大衣，里面穿着泥金缎短袖旗袍。人像金瓶里的一朵栀子花"。——栀子花在张爱玲笔下是如此不同，包括那款有栀子花味的香水。其实香水最初的灵感来自花香——具有纯正花香味道的香水，便是将一园的芬芳纳入其中，它需要你闭上眼，慢慢地深呼吸。那时候，眼前真的会出现大片缤纷的花朵，沁脾的清香让你的心静如止水。当秋风乍起，女人与香水中的花魂相遇的刹那，便成就了最完美的一次倾城。写《倾城之恋》的张爱玲若不爱香水简直是一种罪过，只是她从来不点出香水的名字，王佳芝做出决定那个下午，她在咖啡馆打完电话后补了香水，张爱玲也并未提到它的品牌，只提到它是"栀子花香味"并有一根玻璃小棍。有"张迷"查出这款香水就是香奈儿，洋名叫"Gardenia"，是1925年上市的，与张爱玲时代完全切合。

香水是花朵的灵魂，女人对香水的偏爱是天生的，就像花忆前身——每一个爱美的女人都在寻找属于她的那一款，当暗香浮动的那一刻，她会笑容绽放宛若花开——所以才有大师说："不喷香水的女人，没有未来。"当然，对香水久久难以释怀的，还有那个童男子振保，即便这香水是贱价的，与狐臭混合的，亦是他终生难忘的——像所有青春年少的童男子一样，事隔多年之后，他仍然能在香水氛围中抵达肉体欢乐的巅峰——那种高潮，只因香水，无关情欲。

口红成了张爱玲的印记

张爱玲在很小的时候，画了一幅漫画投给英文报纸《大美晚报》，报社后来寄给她五元钱，母亲劝她留下来作纪念，毕竟是平生第一笔稿费。张爱玲不同意，她一向喜欢花钱，拿着五元钱出门，欢天喜地买了一支小号的丹琪唇膏。

口红与金手镯、旗袍与高跟鞋，永远是珠联璧合的姊妹花，要张爱玲远离它们，就等于要了她的命，仿佛她活着不靠粮食与空气，就靠旗袍撑着，口红养着——可能黄逸梵与女儿分离太久，并不了解她，张爱玲自称财迷，爱钱爱到发疯，花钱花得也爽气，用现在的眼光来看，她就是一个十足的购物狂——自己平生挣的第一笔钱一到手，谁的劝说也不听，立马跑去买了一支小号的丹琪唇膏，必定是期盼了许久，要说纪念，一支小号的丹琪唇膏才是最好的纪念。她是怪异的，喜欢别人难以理解的一切：牛奶的泡沫、丹琪的唇膏、玛瑙的纽扣、咿咿呀呀的胡琴、晕着岁月的印痕的朵云轩纸笺……女人的柔软与性感，老宅的霉绿与阴凉，共同打造出张爱玲小说里面那种氤氲缱绻又危机四伏的末世气息，它们就在末世寻欢作乐，用一点点的情色粉饰世道虚饰人情——是情色，而不是色情。

生为女人，如果一生中只能拥有一件化妆品，女人会选择哪一种？杰西卡·波林斯顿在《口红》里说，95%的女性选择口红。这95%的女性应该包括张爱玲，她的小号丹琪唇膏就是口红的一种，旋出一点蓓蕾，仿佛旋出的是心尖。所以在小说中她才不厌其烦地写到口红，口红成了张爱玲的印记。李安是懂得她的,在《色,戒》里我们看到这样一个镜头:"王佳芝坐在餐桌后面,咖啡杯沿上的口红印有些刺目。阳光明媚的上午,凡俗的男女,被一面看不见的玻璃隔在身外,那抹红色像嘴唇一样充满女性的意味,充满期待和挑逗。"——这是盖在张爱玲小说中李安的戳记,口红在这里是阴谋里的一部分——为了引诱某个男人,一个女人借此伪装自己,她就这样进入了一桩谋划。摆在王佳芝面前的有两条路:男人的道路通向毒药,女人的道路通向口红。女性的服饰、香水、口红,这些被男性事业剥夺的东西,又被暂时返还给她,以完成男性交付的使命。口红与毒药之间,是小爱与大爱的分野。置身男性话语的世界,口红是如此娇弱无力,其诱惑又是如此致命。但口红式的美艳,即使很低很低,在尘埃里开出花来,也终不能保证岁月静好,现世安稳。王佳芝如此,张爱玲又何尝不是这样?

口红一向是阴性的词,楚辞曰:"粉白黛黑,唇施芳泽。"——"芳泽"便是口红或唇膏。可是在王佳芝那里,口红完全剥离了女人与爱情的属性,它变成了一枚子弹或一种毒药。

说到口红不能不提蔻丹,它们一个粉红,一个红艳,如同一对姊妹花。李渔说,女人美不美关键在媚态——这个媚态的媚不论是妩媚还是妖媚,十指蔻丹一瓣红唇总是不能缺少。有时候就觉得做女人真是麻烦,从头到脚都有功课要做,连嘴唇与指甲亦不能放过。张爱玲爱丹琪唇膏,也爱银色蔻丹,都有一个丹,那是女人心头的一颗朱砂痣,一抹鹤顶红——张爱玲说"尘埃里开出花来",若尘埃里真的能开出花来,想必那花就是蔻丹吧?它的另一个名字叫凤仙,村里姑娘就叫它指甲花,本来就是用来染指甲的。初夏某个暮色四合的傍晚,蝉声渐稀,女孩子就采摘院子里红的粉的凤仙花,把花和叶放在碗中捣碎,加少量明矾,用花叶包扎在手指上,经过一夜才能解下。每过门槛,要高举十个手指,据说这样会使手指染得更加鲜艳好看——一夜月光如水之后,在那个遍地露水的清晨,解开指尖的叶子,一声尖叫,缓缓张开两手红红

张爱玲抹得厚厚的红唇。

的十指，宛若电影上绽开两朵花。《金瓶梅》第八十二回西门庆死后，有一日春梅问金莲："娘不知，今日是头伏，你不要些凤仙花染指甲？"兰陵笑笑生只说凤仙花染指甲，可没说具体怎么弄。兰陵笑笑生在这里写到凤仙花似是别有用意，春梅也好，金莲也罢，再色情再算计，也还是脱不掉小女人本色，似乎爱采凤仙爱染蔻丹的女人根本上就坏不到哪里去，坏的是那些让蔻丹迷了眼蒙了心的男人，尽管最终死在女人肚皮上，也与女人无关。

蔻丹其实是英译名，它本名就是凤仙花。蔻丹最妙，妙在蔻字保留着一个很美的草字头，扑鼻而来的是植物芬芳；后面那个丹字则告诉了我们最原始的审美颜色，尤其是在中国。指甲涂蔻丹自古就有，古埃及人就用麀羚毛皮摩擦使指甲发亮，并涂以散沫花汁使其呈现出迷人的艳红。《埃及艳后》中的女王迷人的蔻丹玉指倾倒过多少男人？都是散沫花染的。散沫花是什么花？就是檐下篱边的凤仙花。别看它有股村气，可最时髦的女人却无人能拒绝这份蔻丹红，甚至可以这样说，爱蔻丹的女人，才是不折不扣的女人——《红楼梦》中黛玉葬花，指尖殷红，落花满地，正是"一朝春尽红颜老，花落人亡两不知"。宝黛的爱恰似这一抹蔻丹红，凄美、惨淡，却又无可奈何。《胭脂扣》中的妓女如花，还魂阳间寻找十二少，穷困潦倒的十二少早已淡忘了前尘往事。梅艳芳十指蔻丹猩红，捧着胭脂匣对早已人鬼殊途的张国荣恋恋不舍，是假戏，也是真情——女人是鬼，蔻丹如血，到今朝花谢花飞人鬼共亡。

张爱玲热这些年高烧不退，令人匪夷所思，是不是也有这样的原因：当下的生活过于粗糙与窳劣，只有在老上海，在张爱玲身上才能寻到一脉安抚身心的古典与精致？那么是不是也可以说张爱玲是老上海最后的蔻丹？

丝袜是美感或性感的铠甲

在张爱玲笔下，许多时髦女性衣着打扮不满足于寻常的项链耳环、口红蔻丹，她们就像张爱玲本人那样，往往喜欢出奇制胜，比如《沉香屑 第一炉香》中那条绿色的面网。

张爱玲这样写道："汽车门开了，一个娇小个子的西装少妇跨出车来，一身黑，黑草帽檐上垂下绿色的面网，面网上扣着一个指甲大小的绿宝石蜘蛛，在日光中闪闪烁烁，正爬在她腮帮子上，一亮一暗，亮的时候像一颗欲坠未坠的泪珠，暗的时候便像一粒青痣。那面网足有两三码长，像围巾似的兜在肩上，飘飘拂拂。"此贵妇着装即便在张爱玲小说中也是颇为奇特，黑草帽，绿色的面网，同样颜色的指甲大小的绿宝石蜘蛛，像泪珠又像青痣，面网还兜在肩上飘飘拂拂，这样的装扮走到哪里不引人注目呢？老上海五光十色声色犬马，跳舞约会逛街，打麻将喝咖啡看电影，女人们出现在公共场合的机会前所未有地多，新潮衣饰一亮相，立马便像风一样刮遍上海滩，流行风潮与时尚颜色开始渗入巷陌里弄的石库门与亭子间，风吹月季般撩拨得女人心头发痒，就如同面网上那只绿宝石蜘蛛在爬——

薇龙这个戴面网的姑妈，绿色面网遮蔽的，是一种市井泼妇的形象，一开口说话便是这样："姓乔的你这小杂种，你爸爸巴结英国人弄了个爵士衔，你妈可是来历不明的葡萄牙婊子，澳门摇摊场子上数筹码的。你这猴儿崽子，胆大包天，到老娘面前捣起鬼来了。"一面数落着，一面把面网一掀，掀到帽子后头去——张爱玲小说的底色在这里暴露无遗，没有贵族，也无优雅，我们所能看到的，全是老宅里的明争暗斗互相倾轧，"飘飘拂拂"的面网后面，全都是俗不可耐的嘴脸，尽管张爱玲还算笔下留情，说这位姑妈"美人老去了，眼睛却没老"。

《倾城之恋》里还有一只发网与葛薇龙眼里的绿色面网遥相对应，发网是美女白流苏的，"流苏慢腾腾摘下了发网，把头发一搅，搅乱了，夹钗丁零当啷地掉下来地。她又戴上网子，把那发网的梢头狠狠地衔在嘴里，拧着眉毛，蹲下身去把夹钗一只一只拣了起来，柳原已经光着脚走到她后面，一只手搁在她头上，把她的脸倒扳了过来，吻她的嘴。发网滑下地去了，这是他第一次吻她，然而他们两人都疑惑不是第一次"。发网在这里让他们欲擒故纵、互相猜疑地开始了肉体的接触，肉体的接触远迟于精神的碰撞，发网犹如情网，网住两个被情所困的男女。

生活其实就是一张网，各种各样的人情网、关系网、爱情网、金钱网网罗了红尘中人，包括白流苏的发网，还有薇龙姑妈的面网——一个是张网待捕，一个是鱼死网破。但是说到底，女人身上最具诱惑的还是张爱玲多次写到的"有网眼的黑色丝袜"："自小就渴望长大，能抹上鲜红鲜红的口红，穿上有网眼的黑色丝袜"——黑色丝袜，还是有网眼的，在这里，张爱玲的渴慕是超前的，也是性感的。

在漫长的农耕时代，女人的身体与心灵都被层层叠叠包粽子一样包裹起来，这一包就是五千年，把男人憋透了，也把女人憋坏了。所以两条穿丝袜的美腿出现，简直是两个闪电霹雳，带来一次男人女人全身心的大解放。丝袜遮掩，美腿出击，女人以一种前所未有的姿态出现。老上海时代是一个摩登的时代，也是一个开放的时代，丝袜在这里是美感或性感的铠甲，它淘汰了老式长裤，与高开衩的旗袍或超短裙通力合作，一时所向披靡无坚不摧。据说发明丝袜的是美国杜邦公司化学家卡罗瑟斯，他发明了一种合成橡胶，此胶切割成圆制成轮胎，让美军征服了隆美尔；此胶拉扯成丝制成丝袜，也让女人征服了男人。

腿的性感虽不及胸部和臀部来得直接，但对男人而言，女人一览无余地袒露胸部和臀部毫无美感可言。透明丝袜穿在腿上虽说聊胜于无，但它的性感就在若有若无之间，它与弯曲的美腿浑然一体，可以勾魂摄魄。张爱玲晚年有很多丝袜，不过不是黑色有网眼的，而是偏紫。她在小说《色·戒》里写王佳芝，就多次用上丝袜这个细节，包括最后的行刺——那一刻她终于用色相将老易诱骗到珠宝店，准备施行暗杀。在咖啡店门口等待见面时，她内心焦虑不安，失败的预感"像丝袜上一道裂痕，阴凉地在腿肚子上悄悄往上爬"。这其实是张爱玲对丝袜扯破的恐怖感觉，她将它移植到王佳芝身上，用丝袜自尽的三毛肯定也有这种感觉。据说在《色，戒》电影里，汤唯穿的丝袜就是老上海女性最喜爱的山型背线丝袜，当时全从外国进口。

这一季巴黎新拟的"桑子红"

张爱玲用色从来不会简单地涂红或抹黄，她的颜色从来都是张爱玲式的与众不同，比如黄，她会用柠檬黄、姜汁黄、鸡油黄；比如红，她会选择石榴红、虾子红、象牙红，还有非常特别的红：桑子红。

桑子红在这里是一款胭脂，张爱玲写道："薇龙这才看见她的脸，毕竟上了几岁年纪，白腻中略透青苍，嘴唇上一抹紫黑色的胭脂，是这一季巴黎新拟的'桑子红'。"明明是紫黑色，却非得要用桑子红，还点明是"这一季巴黎新拟的'桑子红'"，这桑子红胭脂一下子就妖娆起来，有烈焰红唇冰火缠绵之魅。张爱玲如不写作，一定是个出色的画家，她的布色多么美妙——桑子红，乡村篱下池畔桑葚熟透了的那种红，她要把感情渗透在这些曼妙的色彩里，这一树红胭脂似的桑葚应该是能吃的，微微的酸，淡淡的甜，牙没有酸倒，唇倒是全染红了——胭脂本来就是能吃的，贾宝玉就有这个癖好，专爱吃女孩子的胭脂，袭人有时候就吓唬他：再偷嘴我要向老祖宗打小报告了——不知贾宝玉会不会就此罢休。从另一个角度来说，吃胭脂应该比接吻更具美感，或者说更性感。女孩子闭目含羞地让男子把她嘴唇上的口红、脸上的胭脂舔个一干二净，这样的"偷嘴"是一个温柔蚀骨的行动。

胭脂从来都是风情之物，李碧华的《胭脂扣》、董小宛的胭脂泪、

图为扬州著名的谢馥春化妆品店。

张丽华的胭脂井,甚至《红楼梦》中胭脂米,全都源自于风月。一脉秦淮河,就这样让胭脂水染得艳红如血。张爱玲也说过类似的话:西湖的水是"前朝名妓的洗脸水"——妓女的洗脸水应该浮着一层厚厚的胭脂。据说杨贵妃因为涂抹了太多的胭脂,连汗水都染成了红色。古文中也有类似的吟咏,说一个年轻的宫女,在她盥洗完毕之后,洗脸盆中犹如漂浮着一层红色泥浆。记录者在这里可能有些夸张,女人抹胭脂毕竟不是工匠粉墙壁。张爱玲喜欢写胭脂,曾经将一篇小说《金锁记》扩展开,写成英文小说《北地胭脂》,后来又将英文版的《北地胭脂》翻译成中文的《怨女》,翻来覆去就为了这一抹"胭脂",并不生厌,可见胭脂于她来说是好东西。她自己就曾这样说:"有人虽遇见怎样的好东西亦是滴水不入,有人却像丝棉蘸着了胭脂,即刻渗开得一塌糊涂。"我现在对老上海之所以刻骨铭心,多半受到张爱玲或张恨水的影响,花样的旗袍、爵士的节奏、黑白的默片、鸦片的淡烟……自然少不掉美女月份牌和桑子红胭脂。

据说胭脂是采用红蓝花汁凝结而成,最早出自燕国,又名燕支。又说产自匈奴地区的焉支山,被张骞带回,称焉支。张爱玲笔下的桑子红出自巴黎，是巴黎新季的流行色。曾经的上海是与巴黎同步的时尚之都，不知从哪一天开始，那个抹着口红，风韵犹存，如同美妇人般的老上海，慢慢变了，褪净了浓妆艳抹的胭脂与花粉——变得让人不敢相认。

八岁要梳爱司头，十岁要穿高跟鞋

上海人似乎喜欢拿头说事，挂在嘴边上的话就是"搞花头"、"玩噱头"——不论是搞花头还是玩噱头，这个"花"字花的不是手，"噱"字噱的不是脚而是头，肯定也是有来头。比如张爱玲，她对头就颇有讲究，否则不会看着母亲在梳头，就仿佛等不及自己长大，急吼吼地赌咒发誓：我八岁要梳爱司头，十岁要穿高跟鞋……

在童年的张爱玲看来，母亲、姑姑那一拨姐妹淘里，最优美、最有风情的女人，都是梳着爱司头的：华美的旗袍装、优雅的爱司头、闪闪发光的大耳环、噔噔噔一路响过来的高跟鞋，女人的玲珑身段、霓裳鬓影一如口红吻痕印在心头，深艳而寒冽、繁茂而荒凉——这是小爱玲对女人最迷痴最癫狂的想象，近在身旁的母亲成了她的参照物与描摹本。张爱玲一向与母亲疏离大过亲近，甚至远不及姑姑，姑姑的家于她还有"天长地久的感觉"。但是感觉归感觉，她无法敌得过母亲头上的爱司头与脚上的高跟鞋，一脉华丽缘伴随她，如一根豆芽，在阴暗霉绿的老房子里歪歪扭扭地长大，长到可以梳爱司头的八岁，丑陋的茧蛾一朝咬破茧壳，化身优雅的蝴蝶翩翩起舞——所以在张爱玲笔下，从来不乏梳爱司头的女人，从《沉香屑》中的丽笙，到《十八春》中的曼璐，梳爱司头的女人，才是风情万种的海派女人。

爱司头因为结构实在复杂，没有专门的技法无法梳出来。当时的上海滩活跃着一大批专梳爱司头的梳头娘姨，她们人手一把当时上海滩最流行的桃花赛璐璐梳子，不全是桃花，也有梅花、牡丹或月季，梳头娘姨们最爱用它，因为鲜艳而喜气。每位娘姨大大小小的梳子有很多把，

月份牌上梳爱司头的女人。

先将太太小姐的发髻拆散，用大木梳梳通，再用细齿篦子篦。接下来大大小小的桃花赛璐璐梳子就派上用场，细齿的、短齿的，梳上很多遍，搽上从三马路戴春林买来的桂花头油。鬓角刷上一点刨花水，就相当于现在的打摩丝。要是横爱司或竖爱司，那就更得花工夫。怕太太发急，能说会道的梳头娘姨顺带说点花边八卦供太太消遣：凯司令栗子蛋糕上柜了；宋家太太在麻将桌上连和三局，手兴得不得了——张爱玲这时候就是边上的观众，惊羡万分地看着母亲头上发生的一切。据说蒋介石第一任夫人毛福梅从奉化来上海，蒋介石就专门为她请了个苏州梳头娘姨。就像扬州出的搓澡工是最好的一样，苏州的梳头娘姨也是史上第一。别看人家是梳头女，可也是见过大世面的，看到毛福梅发式土气，立马就给她梳了一个上海滩最洋气的爱司头，毛福梅很开心，就长期雇了她。那个名妓赛金花，光梳头娘姨就雇了两个，没有两个真不行——张爱玲说"三绺梳头，两截穿衣"，爱司头那发式是形似凤凰头，两个娘姨也要手忙脚乱。上海当年的梳头娘姨已是三百六十行之一，地位比女佣高，薪水自然也高，因为这活有技术含量，一般女佣做不了。很多梳头娘姨兼做绞面，北方话称"开脸"，就是拿一根细红绳绞掉姑娘脸上的汗毛，让她净面出嫁。同时她们还兼卖蕾丝流苏、胭脂花粉，因为婚嫁之女也需要这些小零碎，所以梳头娘姨又被称为流苏喜娘。

20世纪二三十年代是老上海花季，上至社交场合的名媛女星，下至阁楼弄堂的保姆娘姨，凡女子都要留发髻。发髻的式样一般分桃子髻或如意髻，其中如意髻就被称为爱司头。此发式看似简单，做工却颇不容易，要有一定的耐心、细心和一份精心。生活节奏的加快，闲情逸致的退减导致爱司头失传——历史的点点滴滴就藏在人们歌舞升平或粗枝大叶的生活细节中。现在人们提起张爱玲时代的老上海，就宛若一朵缓缓绽放的海上花，摇曳的旗袍，昏黄的汽灯，一尘不染的高跟鞋，一丝不苟的爱司头，欲藏还露的渴望，欲说还休的情感，一张褪色的月份牌，一张泛黄的老唱片——李泉的歌仿佛就是为这一幕倾城之恋作配曲："黄包车寂静地穿过，亨得利表店隐约的算盘声，滴答着时光的价钱。弹落掉老刀牌香烟的灰烬，丁香楼已换了佳人，再没人梳起时髦的爱司头，再没人约她去百乐门。花花大世界，飞起多少鸳鸯蝴蝶，乌鸦麻雀，灯火阑珊夜，掠过多少金粉银光，啼笑风月……"

据说爱司头源于日本，标准的写法应该是"S"头，将秀发用发夹固定成"S"状，有"横S"、"竖S"之分，再配以旗袍或和服、高跟鞋或木拖屐，从缤纷樱花下或长长弄堂里逶迤而过。这份美有点惊心动魄，至今缅怀起来，仍仿佛在月夜诵读俳句，或者坐在春光里欣赏一册浮世绘……

女人的一天从梳妆台开始

"松子糖装在金耳的小花瓷罐里。旁边有黄红的蟠桃式瓷缸，里面是痱子粉。下午的阳光照到磨白了的梳妆台上"，"我记得每天早上女佣把我抱到她床上去,是铜床,我爬在方格子青锦被上……"——小花瓷罐、黄红的蟠桃式瓷缸、方格子青锦被以及铜床,一个生满霉绿的老宅,死气沉沉,看不到希望,幸亏还有一缕下午的阳光,尽管它是照在磨白了的梳妆台上。

张爱玲酷爱衣着打扮,她走到哪里,自然少不了一张梳妆台。西岭雪在《西望张爱玲》中这样写道:"淅沥沥的雨下了整个下午,老宅发霉的墙湿了半堵,张爱玲躺在床上捧着《红楼梦》昏昏欲睡,把书捂在肚子上。恍惚间,她看见妆镜前的祖母穿着前清室官家贵妇的衣裳,面容端然带着威严对着镜子,她把一只翠玉耳环勾进耳洞,左右看看,那镜子和梳妆台上布满厚厚的尘。"——西岭雪懂得张爱玲,写张爱玲一定要有梳妆台相伴,才可以贴近她,而且那梳妆台一定要"磨白了的",或者像西岭雪笔下那样"布满厚厚的尘",这样才有风尘味,才有沧桑感。在张爱玲笔下,梳妆台是幽美的,感性的,《怨女》里这样写道:"绿竹帘子映在梳妆台镜子里,风吹着直动,筛进一条条阳光,满房间老虎纹,来回摇晃着。二爷的一张大照片配着黑漆框子挂在墙上,也被风吹着磕托磕托敲着墙","她站着照镜子,把一只手指插在衣领里挖着,那粗白布戳得慌"。这里的梳妆台一如照妖镜一样恐怖。女人与女人不同,梳妆台自然也不同。《对照记》里有一张张茂渊坐在梳妆台前的照片,那是一个露出长长美腿的现代时尚女性,她的梳妆台是"纤灵的七巧板"做的,类似于现在的三合板,款

女人的梳妆台。

式简洁、色彩明快,时尚而现代。坐在这样的梳妆台前,会让女性快乐而自信,她应该是与男人并肩平等地站在一起的职业女性,而不是作为男人的附属品。

女人的一天是从梳妆台开始——很多女人,把一生的光阴耗在梳妆台上,小小的梳妆台对她们来说,就是人生大舞台。张爱玲写过许许多多梳妆台:"他已经衣冠齐整,翠芝还坐在梳妆台前面梳头发。世钧走过来说:'喏,你看,还是我等你。'""靠得住的东西——她家里,她和妹妹合睡的那张黑铁床,床上的褥子,白地、红柳条;黄杨木的旧式梳妆台。"张爱玲的梳妆台总是与乌木箱子、印花板柜、青绿的手镯还有大襟衣服的女人联系在一起,是大家族必不可少的家具,是小女人不可或缺的物品,女人一生几十年的光阴,最华彩的段落就铺陈在梳妆台上。所以,女人们坐在梳妆台前总是乐此不疲,所有的女人都不能免俗,张爱玲当然也不能例外。稍稍不同的是,张爱玲有时将眉笔当成钢笔、梳妆台当成写字台。当然,磨白了的梳妆台上绝对少不了一面张爱玲式的"回文雕漆长镜"。张爱玲从小就站在雕漆长镜前看着母亲梳妆打扮,一时羡慕万分,仿佛等不及自己长大。她是自恋的女人,她母亲也是,自恋的女人离不开镜子,她们时时刻刻都想揽镜自照,以验证美丽犹在。

张爱玲家的老宅里有许多古镜,她笔下就写过一面回文雕漆长镜,"风从窗子里进来,对面挂着的回文雕漆长镜被吹得摇摇晃晃,磕托磕托敲着墙。七巧双手按住了镜子。镜子里反映着的翠竹帘子和一副金绿山水屏条依旧在风中来回荡漾着,望久了,便有一种晕船的感觉。再定睛看时,翠竹帘子已经褪了色,金绿山水换了一张她丈夫的遗像,镜子里的人也老了十年。"——古镜没变,七巧的人生已面目全非。在这里,回文雕漆长镜作为一种小说意象令人回味不尽,张爱玲喜欢这样意味深长的东西,她还喜欢写眼镜、玻璃、细瓷……这一切都和镜子一样是易碎的,像她小说中的爱情与婚姻,无论是老妇七巧还是美女曼璐,

张爱玲所说的"回纹雕漆长镜"。

最终的结局都如出一辙。

张爱玲有两个令人难忘的习惯姿势,就是低头照镜与抬头望月。揽镜令人自醒,望月让人神往——可是在张爱玲这里,揽镜与望月是一样的,都是出于自恋。早就有人形容,月亮是挂在天上的镜子,在张爱玲眼里,月亮是另一个自己,镜子里孤芳自赏的自己,清高孤寒、高挂夜空。她说过这样的话:"一个知己就好像一面镜子,反映出我们天性中最优美的部分。"如此说来,炎樱、苏青恐怕就是另一个张爱玲。她又说:"时间即是金钱,所以女人多花时间在镜子面前,就得多花钱在时装店里。"这是她从自己以及母亲身上得出的经验,母亲揽镜自照的样子一直是虚幻的倩影,那应该也像七巧面前的镜子一样,是雕漆长镜——只是镜子折射的,不完全都是美的。有一次她从学校放假回家,在饭桌上,为了一点小事,父亲劈手就给了弟弟一个嘴巴。张爱玲大大地一震,随即眼泪流下来。后妈孙用蕃却笑了:"又不是打你,他没哭,你倒哭了?"张爱玲丢下饭碗冲到浴室里对着镜子,眼泪滔滔地流下来，咬着牙说："我要报仇，有一天我要报仇。"她自己都觉得像电影里的特写。就在这个时候，一只皮球从窗外蹦进来，弹到玻璃镜子上，原来是弟弟在阳台上踢球，他早就忘了。张爱玲只感到"寒冷的悲哀"。

烧料镯子与翡翠胸针

张爱玲在小说中曾经很温暖地写过一只翠绿烧料镯子："今天天气暖了，她换了一件短袖子的二蓝竹布旗袍，露出一大截肥白的胳膊，压在那大红绒线上面，鲜艳夺目。胳膊上还戴着一只翠绿烧料镯子。世钧笑向曼桢道：'今天真暖和。'"

项链、耳环、戒指、手镯，中国女人的四大饰品，张爱玲笔下的太太小姐们人人必备。这位佩戴翠绿烧料镯子、穿二蓝竹布旗袍、安心地在织大红绒线衣的女人是一家小饭店的老板娘，因为有恋人在身旁，所以在世钧看来，春天所看到的一切都是幸福的——这个幸福的戴翠绿烧料镯子的女人是世钧看到的，而不是张爱玲看到的。以张爱玲某些时候的心情，她只会把手镯看成手铐。那个女孩子叫薇龙，梁太太请她赏鉴一只"三寸来阔的金刚石手镯"，"车厢里没有点灯，可是那镯子的灿灿精光，却把梁太太的红指甲都照亮了"。薇龙根本不想要，她心情乱透了，可是男人不罢休，"说时迟，那时快，司徒协已经探过手来给她戴上了同样的一只金刚石镯子，那过程的迅疾便和侦探出其不意地给犯人套上手铐一般"。此刻的薇龙就是犯人，一个爱情的囚犯，众人合力，她没有一点办法，似乎只能束手就擒。

张爱玲在《怨女》中写到的乌藤镶银手镯亦是如此，手镯如果成了定情物的话，对女人来说，手镯就是手铐，从此一生将被这个男人牢牢锁住，但大多数女人都心甘情愿。翠绿烧料手镯，应该适合那些温婉女子，内心多情而脆弱，光洁如玉的手腕需要这样一个温柔蚀骨的爱情枷锁。但正是这把枷锁，最终锁住自己，尽管它外表看起来是一把黄金的锁。《金锁记》中的七巧最后方才明白，"三十年来她戴着黄金的枷。她

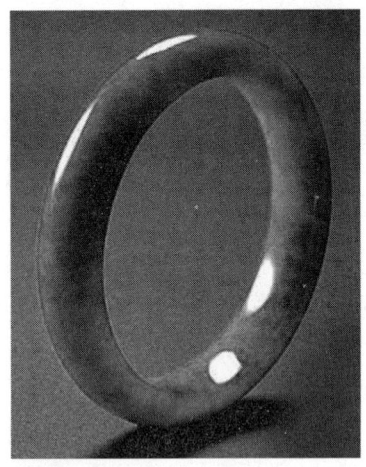

烧料镯子。

用那沉重的枷角劈杀了几个人，没死的也送了半条命"。可此时她自己又能活多久？"她摸索着腕上的翠玉镯子，徐徐将那镯子顺着骨瘦如柴的手臂往上推，一直推到腋下。她自己也不能相信她年轻的时候有过滚圆的胳膊。就连出了嫁之后几年，镯子里也只塞得进一条洋绉手帕。"这样冰凉泛骨的翠玉手镯，似乎才是张爱玲的手镯——张爱玲也是戴手镯的，而且是金手镯。她是物质的，女性的，虽然她从小到大很少和母亲生活在一起，以至于母亲回国，她牵着她的手过马路还感到一种"生疏的刺激"，但是母亲却仍然全方位地影响了她，从精神到物质。她后来说："我最初的回忆之一是我母亲立在镜子跟前，在绿短袄上别上翡翠胸针，我在旁边仰脸看着，羡慕万分，自己简直等不及长大。"——在这里，绿色短袄是肉身子，胸针是心尖儿，孱弱女孩就这样被一枚翡翠胸针别在阴郁的冬季，一生都在疼痛，作茧自缚。

张爱玲一向迷恋霓裳，纸上缤纷，笔底锦绣——女人的穿着打扮在她笔下一向乱花迷眼，《色·戒》开头写王佳芝："脸上淡妆，只有两片精工雕琢的薄嘴唇涂得亮汪汪的，娇红欲滴，云鬓蓬松往上扫，后发齐肩，光着手臂，电蓝水渍纹齐膝旗袍，小圆角衣领只半寸高，像洋服一样。领口一只别针，与碎钻镶蓝宝石的'纽扣'耳环成套。"——虽说与碎钻镶宝石的纽扣耳环配套，领口那只别针绝非一般，应该与翡翠胸针相得益彰相互媲美。《相见欢》里的伍太太替荀太太添置时尚行头，就是"头发也剪短了，烫出波纹来，耳后掖一大朵洒银粉的浅粉色假花。眉梢用镊子钳细了"。这里的装饰是一大朵浅粉色假花，很俗艳的银粉，似乎远不及黄逸梵的翡翠胸针——只有翡翠胸针强烈刺激着张爱玲的性别意识与成长渴望，母亲往绿短袄上别胸针的那个姿势让她艳羡、渴慕，性急到绝望，她仿佛等不及自己长大成人——从女童到女人的距离，其实也就是从惊蛰到清明的距离，说它短，短得像叶片间一次露水滴落；说它长，长得像庭院里一次茉莉花开。

  张爱玲的外表拒人千里，可是在内心，她喜欢的是人生的大开大合，或者是形式主义的夸张与表演。比如她一向喜欢用大口的玻璃杯喝茶，喜欢佩戴颜色鲜艳的大耳环，她酷爱母亲的翡翠胸针应该不难理解——女作家潘柳黛有一次和苏青约好到爱丁顿公寓去看张爱玲，是朋友间很随便的串门，张爱玲却盛装出现，一件柠檬黄袒胸裸臂的晚礼服，浑身香气袭人，手镯项链，满头珠翠。她比较入迷于满头珠翠、环佩叮当，当然包括翡翠胸针。她在《谈画》中特地提到一幅外国画作

翡翠胸针。

《野外风景》，找到原作一看，原来里面有两个时装妇女，张爱玲夸赞说"这一类的格局又是一般学院派肖像画的滥调——满头珠钻，严妆的贵族妇人，昂然立在那里像一座小白山"。

张爱玲常常喜欢这样，从小就如此，所以看到母亲往绿短袄上别翡翠胸针，她一下子急疯了——等到了可以别翡翠胸针的8岁，到了她自己可选择的18岁，她完全由着性子，不仅仅是翡翠胸针，而且还是满头珠翠——《倾城之恋》里那个满头夹钗的白流苏，应该就是张爱玲，在范柳原面前她心慌意乱，夹钗丁零当啷掉了一地……白流苏的慌乱不难理解，她确实想经营好一份婚姻，尽管婚姻有时候就等同于"长期卖淫"。

最珍贵的珠宝，像爱情本身

张爱玲的好友炎樱家开着一间珠宝店，在张爱玲的小说中，珠宝店是经常出现的场景。小说《色·戒》最精彩的部分，就发生在炎樱家珠宝店：易先生陪伴王佳芝到印度珠宝店取钻戒，那颗闪闪发亮的超大钻石不光让读者惊羡，也让王佳芝的嘴角一直抽动，对易先生喃喃道："走吧，走吧。"一场布置周密的锄奸计划就这样落空，"因为男人送了一枚戒指就心软了，这就是女人"。——十几克拉的火油钻，在张爱玲眼里就是最珍贵的珠宝，像爱情本身。

《色·戒》如果给它加一个副标题，应该就是：一颗火油钻引发的惊天血案。开篇第一句话就有如下描写："麻将桌上白天也开着强光灯，洗牌的时候一只只钻戒光芒四射。"那里面情节的生发就围绕着一颗火油钻，太太小姐们在打麻将说着闲话："火油钻没毛病的，涨到十几两、几十两金子一克拉，品芬还说火油钻粉红钻是有价无市。"王佳芝就在牌桌那头想，只有她没有钻戒，戴来戴去这只翡翠的，叫人见笑——正眼都看不得她。结果最终摧毁她的正是一颗"鸽子蛋"般大的火油钻，可见在女人心中，宝石的分量从来都是举足轻重的。李安果然

十几克拉的火油钻。

是电影大师,他就把一颗钻戒当成迷惑世人的道具,一颗十几克拉的火油钻,最终让女人失防,导致自己和同盟者毁灭——色易守,情难防。在荒腔走板的命运中,好色的人看到情欲,现实的人看到物质,软弱的人看到了爱情。

火油钻英文名叫"Oilie",是指在日光下,会呈现蓝色荧光反应的淡黄色钻石,看上去就像煤油燃火后那朦胧的蓝影。民间一直认为带有蓝色荧光的钻石才是最好的钻石,所以火油钻在张爱玲眼里显得特别珍贵。与张爱玲同时代的海派作家沈寂认为:"张爱玲在这里犯了一个常识性的错误,她以为火油钻就是在火油中浸过的,所以看上去珠光宝气。"沈寂认为,真正的好钻石绝不会放到火油中去浸,何况还是十几克拉的钻戒。沈寂也是学西洋文学出身,与张爱玲、炎樱相熟,他甚至和姐姐一同去过张爱玲的卡尔登公寓和炎樱家的珠宝店。李安拍《色,戒》,请他当顾问,他的话应该有一定的可信度,起码他有鉴宝的眼光。张爱玲就没有这个本事,她多半是想当然地在小说中写到钻石,甚至还写到"酸凉的水钻"——那与易先生无关,那只是振保的手感:"振保把手伸到她的丝绒大衣底下面去搂着她,隔着酸凉的水钻,银脆的绢花,许许多多玲珑累赘的东西,她的年轻的身子仿佛从衣服里蹦了出来。"女人,就这样免不了要做钻石的俘虏,男人的俘虏。是钻石这样的名贵珠宝装饰了女人、提升了女人，优雅的女人一定不能缺少钻石的装饰与点缀。这是发生在老上海女生郑苹如身上的真实故事，发生的地点在老上海静安寺路第一西比利亚皮货店，但是张爱玲将它移植到炎樱家的珠宝店，因为这是她少女时代频繁出入的地方。当然，炎樱家的珠宝店确实离西比利亚皮货店不远。女作家程乃珊对这一切了如指掌，她说："这家首饰店的原型，其实就是张爱玲的好友炎樱家开的，炎樱的父亲开的这家珠宝店叫'品珍'，开在花园公寓底层，与重华新村、静安别墅相邻。都属联体公寓，档次要高，租金肯定贵。但是这里有几家珠宝店，总得有点架势。"解放前夕炎樱全家离沪，这间店就盘给炎樱父亲的大伙计陈福昌，"文革"时关闭。沈寂这样说是因为他曾跟姐姐进去过，"确实像张描写的那样，楼下卖的大都是假的。阁楼上才是真货，保险箱很重"，"我姐姐去看时，听说'火油钻'，就不要"。李安也拿着好不容易寻觅到的6克拉的戒指给沈寂看："你看好不好？"他放在灯光下细细看那光晕："好。"他说，电影里当然允许假的，但这个引起故事逆转的戒指却不能是假的，这也算是李安的卖点。

作为男子，我还是喜欢李安在《色，戒》添加的那闲闲的一笔，那是神来之笔：在女人议论十几克拉的火油钻之后，梁朝伟饰演的易先生出场了，他板着个面孔，目光深邃地说："再好的钻石也就是石头。"——是的，再好的钻石，也不过就是石头而已。

月份牌上的电话号码

张爱玲的时代电话已经相当普及，在家中张贴的月份牌上，她母亲随手记着许多电话号码：裁缝店、荐头行、豆腐浆、三阿姨等，这还是街头小店的电话号，真正的亲朋好友在家中另外一个电话号码簿上。张爱玲记得第一个电话号码是曾朴的，他写过小说《孽海花》，张爱玲相当喜欢，与弟弟看得饭都不想吃。张爱玲小说中打电话是家常便饭："这一天，在深夜里，她已经上了床多时，只是翻来覆去。好容易朦胧了一会，床头的电话铃突然朗朗响了起来。她一听，却是柳原的声音，道：'我爱你。'就挂断了。流苏心跳得扑通扑通，握住了耳机，发了一回愣，方才轻轻地把它放回原处。谁知才搁上去，又是铃声大作。她再度拿起听筒，柳原在那边问道：'我忘了问你一声，你爱我么？'"情场老手范柳原就通过电话与白流苏调情，电话是当年的恋爱工具，就如同现在的手机："铃又响了起来。她不去接电话，让它响去。'的铃铃……的铃铃……'声浪分外的震耳，在寂静的房间里，在寂静的旅舍里，在寂静的浅水湾。流苏突然觉悟了，她不能吵醒了整个的浅水湾饭店。第一，徐太太就在隔壁。她战战兢兢拿起听筒来，搁在褥单上。可是四周太静了，虽是离了这么远，她也听得见柳原的声音在那里心平气和地说：'流苏，你的窗子里看得见月亮么？'"那个时代恋爱中的女人与当今无异，喜爱煲电话粥，一听见电话铃响，就心如鹿撞。

上海很早就有电话，1881年11月，大陆境内第一条陆地电线从上海通到天津，电话亦从此开始，当时租界里有电话338户。一直到1933年，四五十年的发展，电话用户才增加到3000户。后来人工转接改自动转换，用户陡增，1934年翔生汽车公司增设租车行，在报上大做广告，

拨号式圆盘电话，老上海古董电话。

它的电话号码是：22400——是5位数，这表明上海当时的电话用户已经有两三万之众。这时候电话机已经不是手摇式，而改成拨号式圆盘电话，就是我们现在熟悉的古董电话样式。这时候张爱玲去香港读书，她与朋友联系，全依赖电话。

到了晚年，张爱玲生活在美国，其时电话普及率已达百分之百，而张爱玲与朋友联系，却多半依靠信件，她的电话极少，除林式同、宋淇外，或者根本没人知道。他们要和她通话，先写信约好时间，然后再打电话。一般情况下张爱玲不接电话，这时候电话对她来说，有等于无。

开喇叭花的手摇唱机

老上海经典的怀旧道具之一，就是带喇叭的手摇唱机，如同手摇唱机上开出一朵硕大的喇叭花：一个木头盒子，一个大得不成比例的喇叭架在上面，像极了一朵喇叭花。黑胶木唱片缓缓旋转，金嗓子周璇唱起来，有点嘈杂，有点喑哑，是尖尖的、细细的嗓音："好花不常开，好景不常在，今宵离别后，何日君再来……"周璇的歌声时断时续，令人有时光倒错之感，仿佛一脚踏进老上海的花样年华。

早期带喇叭的唱机又叫留声机，装在一个木匣子里，打开木头匣子，必须先摇转好几下，上紧发条，才能发声，所以弄堂里姆妈娘姨又叫它"话匣子"。张爱玲写道："米先生想起老式留声机的狗商标，开了话匣子跳舞，西洋女人圆领口里腾起的体温与气味。""她们有一只留声机，一天到晚开唱同样的一张片子，清朗的小女子的声音唱着：'我母亲说的，我再也不能，和吉卜赛人，到树林里去。'最快乐的时候也还是不准，不准，一百个不准。大敞着饭堂门，开着留声机，外面陡地下起雨来，啪啪的雨点打在水门汀上，一打一个乌痕。俄国女孩纳塔丽亚跟着唱片唱……一扭一扭在雨中跳起舞来了。"

跳舞是老上海夜生活的主要娱乐之一，歌舞厅仿佛在一夜之间遍地开花，无论唱歌或跳舞，唱机必不可少，有唱机必须还得要唱片，百代

时/髦

开喇叭花的手摇唱机：老上海经典的怀旧道具之一。

唱片就应运而生，唱遍千家万户那些开着"喇叭花"的手摇唱机。

手摇唱机现在是老上海的旧物，只有到城隍庙一带的古董铺子里才能觅得，可是在老上海时代，那绝对是时髦物与奢侈品。最早开百代唱片公司的那个小贩，就在陕西南路一带摆摊听话匣子，就是让人听留声机。机里有什么呢？无非就是几句京剧唱腔，要不就是洋人的哈哈大笑——几声大笑也能卖钱？当然，机器里传出人的笑声，还有比这更新奇的事么？一直到张爱玲时代，它才成为中产家庭的居家必备——张爱玲在《创世纪》里这样写："她小时候有一张留声机片子，时常接连听七八遍的，是古琴独奏的《阳关三叠》，绷呀绷的，小小的一个调子，再三重复，却是牵肠挂肚……唱片唱到一个地方，调子之外就有咯噔咯噔的嘎声，直叩到人心上的一种痛楚。"——在这里，潆珠对留声机的印象就是张爱玲的记忆。

老上海之所以深入人心，就在于它的洋派与摩登，它有旗袍和香水、高跟鞋和霓虹灯，还有手摇唱机与屋顶花园——分开来看，都是不足挂齿的小细节，可就是这些小细节组合起来，我们才看到了老上海世界性的大格局。

第五章

妙 / 言

"我是一个古怪的女孩,从小被目为天才,除了发展我的天才外别无生存目标。"

——张爱玲

仿佛有一种氤氲不散的脂粉香

张爱玲的一支笔好生了得，那支自来水笔是支绝妙的笔，妙言与绝句像露珠，像宝石，从笔底散落，散落于文字草丛，珠光宝气熠熠生辉。比如她形容一个人痛到极点，是"痛苦到了极点，面部反倒近于狂喜"，比如她形容西湖水，"湖水看上去厚沉沉的，略有点污浊，却仿佛有一种氤氲不散的脂粉香，是前朝名妓的洗脸水"。

张爱玲是难得一现的天才，当年她在上海夜空如烟花般闪现时，人们也像发现烟花般惊喜——吃惊的狂喜。她说："我是一个古怪的女孩，从小被目为天才，除了发展我的天才外别无生存目标。"天才与庸人的区分是天与地的区别，她真，她傲，她胸中一股才气托着她飞出三界之外。她不食人间烟火，有时候又比常人呆，傻，所以她能放出这样的狂言，"除了发展我的天才外别无生存目标"——这样的天才写起字来，字字珠玑，说起话来，口吐莲花，用她姑姑的话说是"唾珠咳玉"。这样的人交的朋友自然也不会是面目可憎的那种，胖姑娘炎樱就是一个相当有趣的人，她的妙言警句不比张爱玲少，她说："月亮叫喊着，叫出生命的喜悦；一颗小星是它的羞涩的回声。"——这样的句子排列起来，其实就是诗，还是新月派的诗，炎樱应该是个诗人，虽然她从来没有写出过戴望舒那种酸掉大牙的："温柔的是缢死在你的发丝上，它是那么长，那么细，那么香。"

炎樱与张爱玲一胖一瘦，是互补型的朋友，甚至可以说她是另一个张爱玲。张爱玲这样说过，"一个知己就好像一面镜子，反映出我们天性中最优美的部分来"，所以从炎樱身上发现张爱玲的天真，没有一点

妙/言

西湖水就是张爱玲所说的"前朝名妓的洗脸水"。

奇怪。张爱玲在人前话少,即便八卦亦是妙趣横生。她说:"这张脸好像写得很好的第一章,使人想看下去。"她还说,"有人共享,快乐会加倍,忧愁会减半",这是她与炎樱友情的最好注解。可是几天后她又会说:"在没有人与人交接的场合,我充满了生命的欢悦。"这是她自私的一面,她从不掩饰自己的自私。战后她在香港当看护,"有一个人,尻骨生了奇臭的蚀烂症,痛苦到了极点,面部反倒近于狂喜……眼睛半睁半闭,嘴拉开了仿佛痒丝丝抓捞不着地微笑着"。痛苦到极点面部反而近于狂喜,真是生动而极致的描写,不是亲眼所见,绝无可能虚构出来,就像那句"前朝名妓的洗脸水",你就找不出比这形容西湖更好的句子了,上下五千年,纵横五千里,一江西湖,淹没了多少才子佳人?她多次坐火车来西湖,在九溪十八涧和弟弟张子静拍照,在西湖边楼外楼吃螃蟹面,虽说她只吃掉了浇头,氽干了面汤就放下筷子,但是西湖美景还是让她难忘,何况她是为了写小说特地来看西湖的。她对西湖想必是多有研究,儿时就在作文里写到它,一对私奔的男女殉情,就安排他们跑到西湖,母亲嘲笑她:"如果一个人真要自杀,绝不可能那么大老远的跑到西湖去。"可是她爱西湖,违反常识也要作如此安排,在西

145

湖里自杀的人太多了，沿湖走一遭，从白大人的商玲珑到阮公子的苏小小，谁没有往西湖里泼过洗脸水啊？香吻得不到，就在洗脸水里淹一回吧，那里可以尝到"氤氲不散的脂粉香"。

要细数起来，生之趣味也许就在这里，于张爱玲来说，除了用这支魔笔与世界对话，活着的趣味实在找不到多少，所以有时她会无端苦恼："这几天总写不出，有如患了精神上的便秘。"苦着，恼着，还不忘"唾珠咳玉"，这便是天才。

红的却是心口上一颗朱砂痣

《红玫瑰与白玫瑰》的开篇，张爱玲这样写道："也许每一个男子全都有过这样的两个女人，至少两个。娶了红玫瑰，久而久之，红的变了墙上的一抹蚊子血，白的还是'床前明月光'；娶了白玫瑰，白的便是衣服上沾的一粒饭粘子，红的却是心口上一颗朱砂痣。"

所有的男人都像振保那样，在情感的两极摇摆不定，其实具体到婚姻里，无论男女，无所谓谁是谁非，感情不存在对与错，日久生情与日久生厌在这里便是喜新厌旧，人的本性，谁也不能奈何，只能凭道德来裁判。道德约束着人的天性，但问题是很多时候道德也无能为力，所以张爱玲才说："自我牺牲的母爱是美德，可是这种美德是我们的兽祖先遗传下来的，我们的家畜也同样具有的——我们似乎不能引以自傲。"此话说的是母亲，母子之爱，但亦同样适用于性爱，男女之爱。回到《红玫瑰与白玫瑰》中，无论娇蕊或烟鹂，她们一个作为"热烈的情妇"，一个作为"圣洁的妻"，实际上都不是振保的对手。撇开他在巴黎那个"胳肢窝里喷了香水"的妓女，振保作为一个男人，还是类似当今上海炙手可热的所谓"张江凤凰男"或"复旦宝马男"之类，他在人格上首先胜了她们一筹。而无论红玫瑰或白玫瑰都无这种可能，王娇蕊即便开放到"和谁都随便"，但是作为人妻人母，她必定要有一种道德上的自律，道德在她身上便是妇德，张爱玲看得很清楚："铁打的妇德，永生永世微笑的忍耐。"所以在她与振保肌肤相亲的当下,她是"心口上一颗朱砂痣",但是沦为"衣服上沾的一粒饭粘子"的烟鹂曾经也是"床前明月光",也就是谁先谁后的时间顺序,心口的朱砂痣再鲜红,早晚也会成为"墙上的一抹蚊子血",早晚而已。

语言上的神来之笔来自爱的力量

桃红色是一种香艳的颜色,但是香艳到"能闻得见香气",怕只有张爱玲才有这种超人的嗅觉。

张爱玲写的多为爱情小说,恋爱中的女人有崇高也有低贱,但是无论崇高与低贱,只要是爱,女人所承受的痛苦是一样多的,张爱玲"张嘴胡说":"喜欢一个人,是不会有痛苦的,爱一个人,也许有绵长的痛苦,但他给我的快乐,也是世上最大的快乐。"自相矛盾的一句话,被她的粉丝到处引用,也许这里可以用得上她姑姑张茂渊的一句话,老小姐张茂渊说:"一个人出名到某一个程度,就有权利胡说八道。"名人的胡说八道在于,普通人不会将它理解成胡说八道,而自惭形秽地认为,是自己的脑筋短路或弱智——像《十八春》里的曼璐,一个人在污泥浊

上海美丽园。

关押过张爱玲的铁窗。

水中挣扎也就够了，还要将冰清玉洁的妹妹也拖进灾难的深渊，这是人性深不可测的渊薮——当然她这是为情所逼，逼上绝境后的疯狂。但是你搭上什么都可以，绝对不能搭上妹妹的青春——从这个角度来说，所有写文章的所谓才女，她们对男人的理解仅仅停留在笔和纸上，那毕竟只是一张脆弱的单薄的无力的纸，可以轻易撕碎、烧毁、折断乃至被风带走，她们不能也不可能对男人有深刻的理解。"我以为爱情可以克服一切，谁知道她有时毫无力量，我以为爱情可以填满人生的遗憾，然而，制造更多遗憾的，却偏偏是爱情。阴晴圆缺，在一段爱情中不断重演的。换一个人，都不会天色常蓝。"——这样不可理喻的话只能从读张小娴、村上春树的小女生嘴巴里蹦出来，张爱玲骨子里就是不谙世事的小女生，她赌气、出气乃至撒气，全是一派小儿女情态。她毕竟只是小女人，这个"小"并不是年龄意义上的，小女人要想满足成熟男人，还要在苦水里浸三把，滚水里泡三把，不脱皮烂骨，也就不可能脱胎换骨。

从人名之中推测通俗故事

张爱玲的奇特在于她可以从人名之中推测发生在这个人身上的故事,比如茅以俭,比如柴凤英。

张爱玲说:"我看报喜欢看分类广告与球赛,贷学金、小本贷金的名单,常常在那里找到许多现成的好名字。譬如说'柴凤英'、'茅以俭',是否此中有人,呼之欲出?茅以俭的酸寒,自不必说,柴凤英不但是一个标准的小家碧玉,仿佛还有一个通俗的故事在她的名字里蠢动着。在不久的将来我希望我能够写篇小说,用柴凤英作主角。"经张爱玲的点拨,"柴凤英"便鲜活生动起来,一个标准的小家碧玉,长长的瓜子脸,眼睛很大,帮哥哥收收药房里的账,守了一辈子寡的妈妈求亲告友帮她介绍开洋房的老板,她却私下暗恋对过儿书店里新来的伙计,穿青布长衫,沉默寡言,下班后总是闭门不出,呆坐在二楼看书,累了,推窗远眺,一眼就看到对面的柴凤英——这样的联想无边无际,足够张爱玲写一本把女生弄得眼泪一把鼻涕一把的通俗小说。张爱玲擅长这样的故事,《十八春》便是,三流的文笔,滥俗的故事,迎合的是小市民的口味,张爱玲自己很瞧不起自己,认定自己只是三流的作家——她的定位其实与她的兴趣爱好有关,别的作家可能端着架子,一开笔就是宏大的场面与架构。张爱玲不是这样,她是琐碎的庸俗的,女佣或老妈,晚娘或继父,弄堂娘姨与亭子间阿婆,公寓先生和老洋房太太——"柴凤英"三个字正合她的胃口,更何况她是标准的小家碧玉。当然还有"茅以俭的酸寒",这样的男人往往是个好男人,他不会有"通俗的故事",他的日子是绵长的,用张爱玲的话说,就是"正像老棉鞋里面,粉红绒里子上晒着的阳光"。这样的男人不会是振保那样的凤凰男,用张爱玲式的绝句来形容,就是像一只"白铁小闹钟",这种白铁小闹钟式的男人是内敛的本分的,他不会入柴凤英的眼,当然更不会入张爱玲的眼,尽管她对他们抱以同情——就如同张爱玲不大瞧得起老实、本分甚至有点木讷的导演桑弧一样。她是编剧，桑弧是导演，两个人合作得那么好，琴瑟和谐，电影热映，重要的是桑弧暗恋张爱玲，有朋友极力撮合这一对才子佳人。但是他开口说媒，张爱玲大摇其头，忙不迭地说："别说了别说了快别说了——"那意思是不可能的，提都不用提，提起这段婚姻，太过于荒唐。在她心里，"人生最大的幸福，是发现自己爱的人正好也爱着自己"。这样的理由冠冕堂皇，因为她也同样说过："对于大多数的女人，'爱'的意思就是'被爱'。"

张爱玲以人名测命运曾经让我非常认同，人名其实大多反映了父母的理想，穷人家的孩子多半叫"周根宝"、"李有财"，盼儿子的就叫"陈招弟"、"王进男"，爱党爱国的取名"朱卫国"、"刘心红"，崇洋媚外的就叫"陈莎莎"、"朱曼丽"。有一位作家叫钱钟书，一看就是有钱人家的孩子，又钟情读书。南京作家苏童本名童忠贵，名字就是老实本分的孩子，学习好，见女孩子爱脸红，打幼儿园起就当班长。汪曾祺，小城里厚道人家子弟，不大富大贵，却知书达礼。其实她张爱玲这个名字就如她笔下的柴凤英，也是俗到家了，拿张爱玲与桑弧配对，就像拿柴凤英与茅以俭相配，应该是绝配——绝对的错配。

见了他，她变得很低很低

女人总是对爱情投以朝圣的目光和全部的幻想，这几乎注定是痴人说梦，自欺欺人，最后从里到外满是伤痕，实在是自找。无所事事的小女人也就罢了，可能在潜意里她们将爱情当作一项事业来经营。然而像张爱玲这样的"大女人"也视爱为命，就让人百思不得其解。

对于张爱玲这一类型的女人，爱情对她们来说就是犯贱，老谋深算的男人，就是以爱情为借口来对她们的身体与心灵进行摧残与伤害。可是女人深陷其中无力自拔——也可能是不想自拔。张爱玲说过："男人若爱上一个女人，如发现了自己一直寻找的光环。光环的美丽让他陶醉其中，他为她献出了很多的温柔，女人被男人的温柔所感，义无反顾地把自己献给了男人,终于这个光环紧紧地套在自己的身上……"一词一句有条有理,脑子还没有化成一坛糨糊,那为什么还要飞蛾扑火?

一个巴巴地相送,一个端然接受,两个人在这场爱情中的位置便一目了然。张爱玲说过:"一个女人,倘若得不到异性的爱,就也得不到同性的尊重,女人就是这点贱。"看是看得很清楚的,可能是因为脚穿高跟鞋的缘故吧,目光也很高远,但是一旦事到临头,还是忍不住要犯贱——这几乎是女人屡见不鲜也屡教不改的老毛病。话说回来,为了一劳永逸地解决生存之必需,犯一次贱也是值得的,爱情在她们那里同样也是个借口,一个美丽的谎言——拿结婚证书作一张抵押单,唯一的意义便在于赚取一份生存的物质基础。为此,《第一炉香》中梁太太嫁给了香港一个年逾耳顺的富人,"专等他死";《金锁记》中的曹七巧用她一生的青春换来了一把黄金枷锁;《倾城之恋》中的白流苏与范柳原在婚姻城池中大战,终于以攻破范柳原的堡垒而告捷。像《心经》中的绫卿是"人尽可夫",《红玫瑰与白玫瑰》中的娇蕊是"心如公寓,谁都可以住"。张爱玲稍稍超脱一些,因为她有一支笔,可以不问男人要生活费,她分手,前提也就是:"我已经不喜欢你了,你是早已不喜欢我了的。"她看得很开,"你问我爱你值不值得,其实你应该知道,爱就是不问值得不值得"。

有这样的理解最好,所以——别指望尘埃里能开出花来。即便尘埃里能开出花,也是一朵难看至极的喇叭花。

回到忧伤的疼痛的晚唐

《小团圆》的开头张爱玲这样写:"夜里在床上看见洋台上的月光,水泥阑干像倒塌了的石碑横卧在那里,浴在晚唐的蓝色的月光中。一千多年前的月色,但是在她三十年已经太多了,墓碑一样沉重的压在心上。"

"晚唐的蓝色的月光"是张爱玲的月光,它独属于张爱玲。朦胧的

张爱玲爱丁顿公寓的宽大阳台,她常常夜半更深独坐这里,"浴在晚唐的蓝色的月光中"。

幽美的略带神秘的光芒,应该是光晕,静静地照着阳台、栏杆。寂寞的张爱玲半个身子浸在这一片蓝色中,晚唐的颜色颓废、迷惘,是马基德·马基迪的"天堂的颜色",或者是小津安二郎的"秋刀鱼之味",也是张爱玲的颜色。它可能并非来自窗外的明月之夜——"明月"完全破坏了晚唐的意境,它应该来自于张爱玲受伤的心灵。她能看到晚唐的月光,她的心会在某一刹那随月光回到晚唐,回到忧伤的疼痛的晚唐,回到李商隐、温庭筠的青袍下,还有张祜——张祜的《何满子》便是疼痛与悲伤,好像过了头,不如他的"潮落夜江斜月里,两三星火是瓜州"的意境,这是典型的晚唐意境。

张爱玲的天才在于,她能从最平常的细节里发现惊心动魄的美,然后再用妙言绝句说出来,比如《金锁记》里这样写香港:"一到了晚上,在那死的城市里,没有灯,没有人声,只有那荞荞的寒风,三个不同的音阶,'喔……呵……呜……'无穷无尽地叫唤着,这个歇了,那个又渐渐响了,三条骈行的灰色的龙,一直线地往前飞,龙身无限制地延长下去,看不见尾。'喔……呵……呜……'叫唤到后来,索性连苍龙也没有了,只是三条虚无的气……"屋外的寒风有三个音阶,这是语言上的神来之笔,伸手不见五指的深夜,听着屋外高低不同的"喔……呵……呜……",那些看不见摸不着的狂风便生动形象起来,像一个怪兽,青面獠牙,血盆大口想吃人。香港地处南国海边,会有这样的寒风？不太可能，唯一可能的是来自心境，来自张爱玲或白流苏的心境，三个音阶高低不同，"喔……呵……呜……"，仿佛命运咏叹调，所以张爱玲紧接着写道："真空的桥梁，通入黑暗，通入虚空的虚空。这里是什么都完了。剩下点断墙颓垣，失去记忆力的文明人在黄昏中跌跌绊绊摸来摸去，像是找着点什么，其实是什么都完了。"

三个音阶的风总让我联想到张爱玲的八个"跳舞的音符"，那时候她很小，大概只有八九岁，母亲和姑姑回到中国，在国外见惯了时髦洋派的大场面，不想让张爱玲变成保守的旧式小姐，要将她改造成西洋格调的淑女，方法之一就是让其每天练习钢琴。她的手很小，很白，手腕上紧匝着绒线衫的窄袖子，大红绒线里绞着细银丝，琴上的玻璃瓶里常常有花开着——张爱玲一弹一个下午，奇迹又出现了："当我弹奏钢琴时，我想象那八个音符有不同的个性，穿戴了鲜艳的衣帽携手舞蹈。"是幻觉，也是超越常人的联想，天才的禀赋是上天的恩赐，她完全有理由成为一位名满天下的钢琴家，但最后并没有成功，这可能源自于学钢琴时外籍老师的一次偶然的发怒，就像她完全可以成为一位出色的画家而最终并没有成功一样，是不是与弟弟偶然的一次撕画经历有关？所有的不成功是命运堵住了她的路。命运就是奇怪的，它就是要让她走投无路，最后寄人篱下衣食无着，穷得口袋里只有一支笔的时候，只好往写作的路上奔——这个时候，那些奇特的灵性全都古灵精怪地从她脑子里冒出来，在她的文字间"穿戴了鲜艳的衣帽携手舞蹈"。

于是，我们在多年之后便拥有这一片"晚唐的蓝色的月光"，还有那个怪兽，它躲藏在黑夜中，发出无休无止的"喔……呵……呜……"，它可能并非想吃人，只是要吓唬那些不听话的孩子，让他们重回妈妈的怀抱。

所有的女人都是敌人

家猫与老鼠是天敌，公鸡与蜈蚣是天敌，老板与员工是天敌，"婆婆与媳妇也是天敌"——这最后一句是张爱玲说的，张爱玲甚至还说过更刻薄的话："所有的女人都是敌人。"

有时候张爱玲可能只是说说俏皮话而已，她自己也未必将这些话当真，一个以文字为生的人，文字就像她豢养的鸽子，早晨开笼放出去，黄昏朝屋顶上撒一把小米高粱，鸽子又呼啦啦地飞回来。与文字日日耳鬓厮磨，贴心贴肺变成知己，手到擒来后的妙处就是写作时绝妙文字会嘻嘻哈哈打闹着列队从她笔下蹦出来，比如说"婆媳是一对天敌"或者"所有的女人都是敌人"，虽不免让人难过，可是难过之后，总有一些东西让我们回味，尽管这余味有点苦涩，甚至血腥，我们会这样摇头斥责她"太过分了"。可是婆婆与媳妇之间、女人与女人之间，难道不是这样吗？

天敌的意思就是天生的敌人，没有任何理由，他们之间命中注定的关系就决定了他们会成为敌人，像家猫与老鼠、公鸡与蜈蚣，像老板与员工、婆婆与媳妇——这是生活本身给予张爱玲的人生经验，慢慢累积到一种厚度，便在写作中脱口而出，成为警世格言。严格来说，张爱玲在国内并没有做过人家媳妇，在她上头也没有婆婆，即便后来在美国与赖雅结婚，好像也没听说过她有婆婆，赖雅只有一个女儿，为了瘫痪在床的父亲与张爱玲谈条件。张爱玲的婆媳天敌之说来自于继母与继子，她从小在家受够了继母的气，那种经历是刻骨铭心的，后来在写小说《桂花蒸　阿小悲秋》时，不无怨毒地说："'这点子工夫还惦记着玩！还不快触祭了上学去！'她叱喝。那秀丽的刮骨脸凶起来像晚娘。"

真是一张可怕的脸，本能的恐惧，天然的敌意，张爱玲受够了这样的刮骨脸，后来在小说中多次描写，以发泄内心对继母的愤恨。在现世不能复仇，只能在想象的纸上——虽然不免可怜可叹，终究可以出一口气。对人性之恶，她是早就了然于胸，她这样说过："我喜欢我四岁的时候怀疑一切的眼光。"四岁就怀疑一切，她怀疑的天赋应该来自于晚娘，从另一个角度来说，她其实应该感谢晚娘——是晚娘的刮骨脸给了她的人生一个切口，切入一团乱麻的生活内部，将血淋淋的真实展现给人看。如果父母恩爱兄弟亲如手足，她如愿以偿嫁了个帅气多金还痴情的振保一样的钻石男，整天泡在蜜糖罐子里，她还有能力有机会看到人性黑暗？文章憎命达——命运既凶残又慷慨，它一手从你这里拿走一只苹果，另一手又送给你一只香梨，苹果就一定比香梨好？那倒不一定，看你想要的是什么。人生的不完美让我们包容与通达，抵达这种境界，那就把"婆媳是一对天敌"当笑话。

人生当然不是笑话，人生是什么？当然不用我们来教张爱玲，她少年老成时就这样说过："长的是磨难，短的是人生。"

美女美到一定程度，不容许晚婚

美若天仙让男人朝思暮想，也是所有女人的梦想，而女人一旦得到了美貌，她转眼就会变得朝三暮四朝秦暮楚，这几乎是所有美女的通病——美女一向毛病多多，一般来说，她们大多偏早婚，张爱玲说"出名要趁早"，在她们看来，嫁人也得趁早——美女美到一定程度，就不容许晚婚，这也是形势所逼。

做女人很不容易，做一名美女就更不容易。美貌为上天所赐，没有的话当然遗憾，若真的拥有也会麻烦不断，"丑妻家中宝"、"红颜薄命"，都是老祖宗的古训，经验之谈，所以张爱玲形容一个女人生得美，这样说："她的惊人的美貌不能容许她晚婚"——她笔下的美女大多如此。张爱玲生得并不美，她没有那种"不容许晚婚"的美貌，作为一个女人，这多少有点悲哀——但她似乎并不善罢甘休，在服饰上、个性上下功夫，衣不惊人死不休，人无怪癖不可交——这样做的妙处是，她无论走到哪都吸引眼球，吸引男人。从骨子里来说，她才不想做一位善良贤惠的好女人，好女人的无奈她心知肚明，她在小说里这样写过："如果我是一个彻底的好女人，你根本就不会注意到我。她向他偏着头笑道：'你要我在旁人面前做一个好女人，在你面前做一个坏女人。'

张爱玲的是非观在这里暴露无遗,男人们确实也都是如此,嘴巴会夸赞善良隐忍的好女人,但这种好女人往往被人们无视,而男人们的身体,更倾向于那些性感美貌的尤物——希望她们放弃道德,完全沉溺任由他爱。男人们如此强势的买方市场,才导致妓女层出不穷代代不绝,张爱玲又以她一贯的妙言来解释:"以美好的身体取悦于人,是世界上最古老的职业,也是极普遍的妇女职业,为了谋生而结婚的女人全可以归在这一项下。这也无庸讳言——有美的身体,以身体悦人;有美的思想,以思想悦人,其实也没有多大分别。"

如此开放的想象,可能也只有身处老上海的张爱玲们才能说得出,事实上你永远无法满足她们食不厌精的胃口,身为新式女性,她对女性看得很透彻:正经女人如有扮演荡妇的机会,必定也是跃跃欲试。她还说:"如果你不调戏女人,她说你不是一个男人;如果你调戏她,她说你不是一个上等人。"她其实很鄙视女人的弱点,不管爱情或婚姻,在张爱玲眼里,任何涉及情感方面,都是伤痕累累千疮百孔。似乎在她的潜意识里,一向有着对妓女的认同。小时候母亲出洋,父亲常常会将青楼女叫回来,家里有宴饮有堂会,她兴奋莫名,看着两个雏妓穿同样衣服,"就如同生在一起"——甚至最正常的一夫一妻制婚姻,张爱玲也认为那不过是女人"长期的卖淫"。在《倾城之恋》中,范柳原对白流苏也这样重申过:"我犯不着花了钱娶一个对我毫无感情的人来管束我。那太不公平了。对于你,那也不公平。噢,也许你不在乎。根本你以为婚姻就是长期的卖淫。"从实质上来说,张爱玲并无错,父母之命、媒妁之言将两个并无感情的人撮合在一起生儿育女,这里面很少有爱情的成分。男人以一笔彩礼甚至花园洋房、靓衣名车来换取对女人肉体的占有,越是美貌的女人,男人付出的代价越大。

所以张爱玲才脱口而出惊人之语,只是现在无法知道,她的婚姻,是属于"以美好的身体取悦于人",还是属于"长期的卖淫"?

生命有它本身的图案，我们唯有描摹

阅读张爱玲再一次验证了我的一个观点：优秀的作家应该是个优秀的诗人，优美的诗意不仅仅反映在他的生命体验里，也白纸黑字地写在他的文字里。

张爱玲的诗意来自天生，也许与她姑姑有关，张茂渊的许多话不是诗也是散文诗，比如："去年她生过病，病后久久没有复元。她带一点嘲笑，说道：'又是这样的恹恹的天气，又这样的虚弱，一个人整个地像一首词了。'"又比如有一天夜里非常寒冷，她急急地要往被窝钻，突然说："视睡如归。"记下来就是一首诗："冬之夜，视睡如归。"有一次洗头发，一盆水漆黑如墨，她对张爱玲说："好像头发掉色似的。"张茂渊从不写作，甚至阅读也得要张爱玲逼着她，如果她真要拿起笔来写作，怕也不在张爱玲之下。她与李开第的爱情就是一首苍凉而美丽的爱情诗：1925年在赴海外留学的轮船上，她遇到热血青年李开第。半年后

小说《倾城之恋》故事发生地——香港浅水湾。

当李开第得知卖国贼李鸿章是她的曾外祖父时，马上离开了她与另一位女同学闪电结婚，张茂渊将爱情埋在心底，60年从不更改。"文革"时期，李开第贬到里弄通厕所，她用弹钢琴的手帮助他，并送去精致小菜。李开第妻子去世时，哭着央求她嫁给他——两个80岁的老人，像少年一样欢欢喜喜举办婚礼，最后老天垂怜，让他们相守了12年——这是最真挚的爱情，所有真挚的爱情都是诗，其实爱情本身就是生命的诗篇，张爱玲说过的，生命"有它的图案，我们唯有描

小说中范柳原与白流苏居住过的浅水湾大饭店。

摹"。写作就是对生命的优美描摹，爱情就是生命的动人歌唱，每一个恋爱中的人都是天才诗人，生命中最盎然的诗意在爱的瞬间如烟花般盛放。

白流苏与范柳原之间的爱情就是在硝烟中盛放的烟花，两个相爱的人爱到极致，生命便充满了诗意。张爱玲写道："范柳原在细雨迷蒙的码头上迎接她。他说她的绿色玻璃雨衣像一只瓶，又注了一句：'药瓶。'她以为他在那里讽嘲她的孱弱，然而他又附耳加了一句：'你就是医我的药。'她红了脸，白了他一眼。"把穿绿色玻璃雨衣的爱人当成给自己医病的"药瓶"，奇妙的联想完全来自于天赋的灵感。白流苏在那个深宅大院里活得异常孤单，见到范柳原之后更加孤单，但是此孤单与彼孤单迥然不同，张小娴说："孤单不是与生俱来，而是由你爱上一个人的那一刻开始。"可是在张爱玲看来，男人与女人的爱从来都是不平等的，"男人对于女人的怜悯，也许是近于爱。一个女子决不会爱上一个她认为楚楚可怜的男人。女人对于男人的爱，总得带点崇拜性"。此

话用在范柳原身上倒是很贴切，不过合适也好贴切也罢，只有当事双方心知肚明。

范柳原能将白流苏看成医治他心病的"药瓶"，这也再次证明了爱情的魔力，起码在这一时、这一刻是这样。张爱玲在最后当然给了白流苏一段最完美的婚姻，我们作为张爱玲的资深读者，也见证了这一对乱世男女的爱情苦旅。好在白流苏是个美女，所以他们的爱情特别养眼，还是张爱玲说得好，张爱玲说："这张脸好像写得很好的第一章，使人想看下去。"

人生最可爱之处就在那一撒手之间

张爱玲说："若是女人信口编了故事之后就可以抽版税，所有的女人全都发财了。"其实张爱玲就是这样发财的女人，她的版税全来自于她信口编出来的故事——说她的故事全是信口编出来的，好像也冤枉了她，她好像虚构不来，她笔下的人物全是她身边的人物，《花凋》里的郑先生据说是她舅舅，《年轻的时候》中的丽蒂亚据说是炎樱。

张爱玲描写郑先生也是一绝："可是郑先生究竟是个带点名士派的人，看得开，有钱的时候在外面生孩子，没钱的时候在家里生孩子。没钱的时候居多，因此家里的儿女生之不已……"据说她舅舅看到这里暴跳如雷，声称要打死她，吓得她几年不敢进他家门。她说："郑先生是连演四十年的一出闹剧，他夫人则是一出冗长的单调的悲剧。"一条毒舌就是不肯放过身边的人。炎樱和她玩得那么好，提起笔来照样不肯放过人家："凑巧那天只有她妹妹丽蒂亚在家，一个散漫随便的姑娘，长得像跟她一个模子里印出来的，就是发酵粉放多了，发得东倒西歪的，不及她齐整。"读到这里，眼前便出现一个胖姑娘，胖得像面包或大馍，而且还是发酵粉放多了，发过了头——如果炎樱看到，不知作何感想。

在饮食上，张爱玲喜爱面包自然胜过馒头，这源于她自小养成的西化胃口。小时候在上海，楼下便有一家起士林咖啡馆，清晨制面包，"拉起嗅觉的警报，一股喷香的浩然之气破空而来，有长风万里之势，而又是最软性的闹钟，无如闹得不是时候……"张爱玲称之为"'芳'邻"，天天清晨施放香气，实在是一种骚扰。但是她仍然喜欢，隔三差五地总是带炎樱去吃，每一样都要加糖，甜得发腻的糖。炎樱的胖似乎就是和张爱玲在一起摄入过多糖分所致。炎樱对于自己的胖倒不在意，她自我解嘲地改造了诗句"软玉温香抱满怀"："两个满怀较胜于不满怀"，张爱玲对她还是手下留情，不知为什么仍然将她形容为"发酵粉放多了"的丽蒂亚。

张爱玲对炎樱，是投入了过多的情感在里面，在香港读书时，某一次炎樱不打招呼独自回沪，张爱玲得知后号啕大哭，恨不得要她回到香港再和她一同回到上海。女人的相知源自内心深处天生的灵敏与柔软，张爱玲说过："所有的女人都是同行。"既是同行，同行相妒就免不了，妒这个字女字旁加一户人家，说文解字直白说出来就是"家庭妇女"，家庭妇女最容易起妒——张爱玲算不算家庭妇女？当然算。张爱玲是不是家庭妇女？当然是。但是她与炎樱却全然超脱了"女人与女人之间没有友谊"的陈词滥调———一个传奇女子的奇妙与奇特便在这里，李碧华说："得不到你的爱，得到恨也是好的——因为恨也是需要动用感情的。"而张爱玲不爱的时候亦不会恨，她说："人生最可爱的当儿就在那一撒手罢？"

放弃所有应该放弃的，最后置身于孤绝之境——这便是张爱玲在海外的全部，文字的妙处就是在绝望之崖会生出柔韧的藤蔓供我们攀缘，并将心灵救赎。

在叛逆异端的道路上越走越远

张爱玲就算是拿粉笔写字，那粉笔也如同魔笔，点石成金。比如她写自己肚子疼，疼得在床上滚来滚去，她说是"毫无风致的病"；后妈给的一件旧衣,她形容为"长满冻疮的衣服";杀猪时刚刚剖开猪肚子,露出两片厚墩墩的猪肉,瘦肉的红与肥肉的白,红白相间,她形容为"大红里子的猪肉",大红里子——活脱脱的被面。

散落的文字如一盘散沙,每一个咬文嚼字的人捡沙在手或随手扬沙,那沙是一样的。我拿沙比喻文字也许有一些不贴切,但是我们所面对的文字在张爱玲手里就变成了金子,如同沙里淘金。而更多的芸芸众生,笔底生出再美妙的文字,也全都变成一把黄沙,只能随手将它扬在风中。当然,张爱玲不可能有魔笔,她只是有着一颗不同寻常的心灵,那些蒙着时间灰尘的古老文字统统都被她重新洗涤擦亮了,像夏夜头顶上的星星,闪烁着迷人的光芒,阅读这样的文字当然充满了新奇的快乐和趣味——猪肉有"大红甲子",衣服上"长满冻疮",一个女人烫了满头卷发,被形容为"堆在肩上的'一担柴'",少年男孩脸上长满"万紫千红的粉刺",从人月亮下屋顶上走过的一只花猫她称为"乌云盖雪的猫"。

张爱玲生活在人群里,她更擅长挖苦与嘲讽人——就是那些"自以为有学问的女人和自以为生得漂亮的男人"偏偏经常成群结队地出现在张爱玲身边,有的时候她也无奈,只好离群索居闭门不出在家读书,"书是最好的朋友,唯一的缺点就是使我的近视加深,但是还是"心甘情愿地为书而近视。炎樱比她活泼些,在香港大学读书时,曾经拖着张爱玲参加学校举办的聚会。一大堆男生女生人模人样地端着酒杯,脸上挤出苦涩的微笑,人人装出亲热的样子,像多年不见的亲戚——张爱玲去了几次再不肯受罪,她说:"装扮得很像样的人,在像样的地方出现,看见同类,也被看见,这就是社交。"书读得多了,人就越发孤寂,再不肯回归人群,身上也少了人气。一个在书斋里孤独长大的少女,没有市俗烟火的熏陶,在成人看来,没有办法拿她来与普通的姑娘对照,从而本能地排斥这样的异类,而张爱玲加倍排斥世俗,那是誓不两立的。久而久之,在叛逆异端的道路上越走越远——实在是一念之下的结果,又不肯妥协,在决绝中获得一些平常无法得到的快慰,而身后又留下一地闲言碎语。

这样做好不好?其实也无所谓好不好,认定了人生不过是"一个美丽而苍凉的手势",那么就径直往前,没有退路。她说过:"现在我寄住在旧梦里,在旧梦里做着新的梦。"新的梦其实也是旧的梦,旧的梦曾经也是新的梦,还是她自己说得妙:"普通人的一生,再好些也是'桃花扇',撞破了头,血溅到扇子上,就这上面略加点染成为一枝桃花。"只是张爱玲这一枝桃花很特别,它会长开不败。

一个美丽的、苍凉的手势

很多年前读张爱玲,读到一句:"美丽而苍凉的手势。"心里就莫名地一震——此话到今天仍然受人追捧,很多人故作忧伤地模仿张爱玲:人生是个苍凉的手势——手势是什么意思?至今也是似懂非懂,但是张爱玲却对造型美深有体会,尽管这样摆pose相当地造作。

张爱玲其实并没有正儿八经谈这个手势,她只是借长安的思维解说人生:"长安不敢做声,却哭了一晚上。她不能在她的同学跟前丢这个脸。对于十四岁的人,那似乎有天大的重要。她母亲去闹这一场,她以后拿什么脸去见人?她宁死也不到学校里去了。她的朋友们,她所喜欢的音乐教员,不久就会忘记了有这么一个女孩子,来了半年,又无缘无故悄悄地走了。走得干净,她觉得她这牺牲是一个美丽的、苍凉的手势。"她后来这样写道:"迟早要出乱子,迟早要决

张爱玲从未公开的一张照片。

裂。这是她的生命里顶完美的一段，与其让别人给它加上一个不堪的尾巴，不如她自己早早结束了它。一个美丽而苍凉的手势……她知道她会懊悔的，她知道她会懊悔的，然而她抬了抬眉毛，做出不介意的样子，说道：'既然娘不愿意结这头亲，我去回掉他们就是了。'"张爱玲显然低估了语言的魅力，"美丽而苍凉的手势"仿佛成了流行语，到处泛滥成灾。也可能是此语对应了读者潜意识里的想象，但它首先发自张爱玲的内心，是发自这个文艺女青年的内心独白。

不妨想想看，张爱玲这一生，其实就是一个"美丽而苍凉的手势"，她与家庭的决裂，她的爱情，她在美国凄凉地辞世——都是常人不能理解的，也都是美得触目而苍凉的，就像她那张著名的手叉细腰仰望天空的照片，是她孤傲的心态，也是她一生的姿势——手势其实就是姿势，是人生态度、梦想、信仰、追求。很多人都不理解她，但她在《倾城之恋》里说过："你如果认识从前的我，也许你会原谅现在的我。"是的，现在的我不是无缘无故变成这样的，她是从前的我的延伸与成长——不错，成长如蜕，但是蜕下一层层皮屑后，我的身体与心灵延续的还是从前那个我。张爱玲从前叫什么？叫张瑛，不叫李瑛或刘瑛。从根本上说，每个人的本性很难彻底蜕变，一个从小对人群排斥的女孩，长大了就是一副拒绝的姿态，张爱玲所说的"苍凉的手势"，就是拒绝与告别的姿势。手势虽说具有造型美与仪式感，但都是做给别人看的，她是在想象中虚伪地、刻意地要营造出一份失了真的美丽来。谁不为了一张脸面在活？既然是做出来的，里面就说不准掩藏着许多无奈、心酸和悲哀——可以放下这手势吗？当然可以，我们是普通人，不需要那么文艺与矫情，或者说不需要那些花拳绣腿，就活得本分、麻木甚至粗俗，这样虽然不够好，不够美，可是千千万万的人不都是这么糊里糊涂地活了一辈子吗？一辈子就是一辈子，有什么好不好呢？再好的一辈子能成为两辈子吗？但就算所有人都这样活，张爱玲亦不能，她一定要以一个手势给世人留下一个美丽而苍凉的背影，让世人怀念并仰望。人的一生本来已经太过苍凉，如果没有这样的手势，人生只会倍加苍凉——这对张爱玲来说，是绝对无法忍受的，用她的话来说，就是"化了名也要重新来一趟"。

第六章

光 / 影

"现代的电影院本是最大众化的王宫,全部是玻璃、丝绒,仿云母石的伟大结构。这一家,一进门地下是淡乳黄的;这地方整个的像一只黄色玻璃杯放大了千万倍,特别有那样一种光闪闪的幻丽洁净。"

——张爱玲

她的一生就是一部黑白老电影

张爱玲是老上海的女主角,她的一生就是一部电影——长长的黑白老电影,如果给这部电影取名,应该叫《海上花》。俗是俗了点,好像没有比这个名更贴切的了。

张爱玲从小就是一个喜爱电影的女孩,仅仅说"喜欢"还不够,应该是痴迷或酷爱——有一次全家出动到杭州走亲戚,顺带游西湖,张爱玲在西湖边玩疯了,从报纸上看到上海正在上映谈瑛主演的《风》,立马要回来看电影,她妈妈一个劲劝:"你看的电影还少吗?现在在杭州,离上海这么远,你一个小孩子坐车回去哪里放心。"张爱玲急得跳脚,只要看电影,就什么都愿做。一家人没办法,只好让张子静陪她。张子静对电影无所谓,本来就是个听话的孩子,一向喜欢和姐姐在一起,只是张爱玲对他爱理不理的,捞着这样的机会,对他来说也很难得,于是乖乖地陪姐姐回到上海。一下火车姐弟俩直扑电影院,看完之后张爱玲走到门前突然说:"再看一场。"张子静眼睛都看得酸涨了,直喊头痛。张爱玲却很开心,笑着说:"幸亏回来了,要不然,那可后悔死了。"

电影看得太多了一点,生活中不可避免会有一些表演。她说的那句人生是一个"美丽而苍凉的手势",就是在表演。戏剧的痕迹,表演的痕迹,她的拍照姿势,还有她着前清老式样的宽袍大袖飘飘欲仙走在弄堂小巷,孩子们尖叫着追在后面围观——这些都是一种表演,将生活变得戏剧化或电影化,伴奏音乐在她内心流淌。所以我说张爱玲是老上海的女主角,她好像一直在表演,她的一红惊天、她与旧式家庭决裂、她的那些奇装异服、她烟花般一闪而逝的爱情，以及她从深圳罗湖桥归鸿般的消逝——都像电影镜头和片断，在张爱玲身上，生活就像电影一样。但是生活毕竟不是电影，生活太拖泥带水且琐碎无趣，生活实在太冗长无聊了，如果真的是电影的话，没有人有耐心看完它。所以张爱玲既是主角又是编导，她自编自导自演自己的电影——她对生活的胶片进行剪辑，只保留精彩高潮。

张爱玲的人生最后果然被多次拍成电影，林青霞和秦汉演过，刘若英和赵文瑄也演过。林青霞太漂亮了，张爱玲哪有她那种韵味？不是说张爱玲没味道，也不是说张爱玲不美，张爱玲是美的，只是她的美与林青霞的美完全不同，一个漂亮的大美人演张爱玲，注定要失败。首先我就无法接受一个漂亮的张爱玲，更不能接受那张精致得几乎无可挑剔的脸。这部电影叫《滚滚红尘》，这个名字我是极喜欢的，张爱玲的那些爱恨情仇就是滚滚红尘。那一年秦汉也不小了，可是他一张肉嘟嘟的小脸，根本看不到文化人的清癯与飘逸。如果重拍《滚滚红尘》，应该请王志文来演，他的瘦削与单薄，包括他一张黑亮的油浸浸的脸与眼睛里的愁苦，都非常适宜。而赵文瑄太漂亮了，空中少爷出身的赵文瑄，根

当年刚刚落成的国泰电影院，张爱玲与弟弟就是在此观看电影《风》。

本演不出角色上的苦底子,刘若英的张爱玲也不像——她有张爱玲的知性,但她抬着脸拿一颗糖炒板栗说:"很好吃,不粘牙的。"那张脸那么饱满,眼里还冒着傻气,那根本不是张爱玲,那就是她刘若英。

《张爱玲传奇》最妙的是剧本。写《饮食男女》的王蕙玲还写过《卧虎藏龙》,她是懂得张爱玲的,不像写《滚滚红尘》的三毛,她是借张爱玲来写她自己——在艺术这一点上,她与张爱玲是相通的,她退学关在黑屋子里哭,只身远赴撒哈拉,包括她爱上王洛宾这样沧桑的老人。她其实是台北的张爱玲,她的一生也像一部电影——后来她和张爱玲一样,也成为一部部电影的女主角。

生活就像一部电影,生活就是一部电影。碌碌无为的众生亦是如此,每个人的一生都在演一部自己的电影——在别人的电影里我们可能是配角,但是在自己的电影里,我们都是主角。

现代的电影院是最廉价的王宫

张爱玲看电影常去的国泰电影院,现在还耸立在淮海中路和茂名南路交叉口,它原名叫国泰大戏院,曾是日本人的养马场。张爱玲之所以对它情有独钟,是因为国泰当年以外国原版电影为主,用现在的话说,就是没有删剪的。在小说《多少恨》的开头,她就用精细的笔触描写国泰电影院:"现代的电影院本是最大众化的王宫,全部是玻璃,丝绒,仿云母石的伟大结构。这一家,一进门地下是淡乳黄的;这地方整个的像一只黄色玻璃杯放大了千万倍,特别有那样一种光闪闪的幻丽洁净。电影已经开映多时,穿堂里空荡荡的,冷落了下来,便成了宫怨的场面,遥遥听见别殿的箫鼓。""她看看表,看看钟,又踌躇了一会,终于走到售票处,问道:'现在票子还能够退吗?'卖票的女郎答道:'已经开演了,不能退了。'她很难为情地解释道:'我因为等一个朋友不来——这么半天了,一定是不来了。'"这时候男主角出场了,为了这张多余的电影票,爱与恨又开始在银幕上演。

宁波路上的新光影艺院，张爱玲多次来此看电影，外观具有张爱玲说的"有针织粗呢的温暖感"。

　　张爱玲和姑姑常常在国泰电影院看电影，姑姑多次出国，原版的电影更符合她的欣赏习惯。张爱玲外语极好，曾考取过英国伦敦大学留学生，还是远东地区第一名，想来听原声对白也没什么障碍。看完电影正好和姑姑到对面的老大昌吃蛋糕与面包。

　　从国泰沿茂名南路往下走不远，路口有一家兰心大剧院，这个剧院倒是常常演出话剧，当时叫文明戏，于伶的《女子公寓》、曹禺的《日出》均在此上演。张爱玲的话剧《倾城之恋》亦是在此排练，她经常过来看。有一阵子，她姑姑在大光明电影院当翻译，张爱玲常常不花钱去蹭电影看。无论在国泰、平安戏院，还是新月、大光明电影院，上海高档的电影院都在租界。租界里的影院很早就有，几乎与世界无声电影同步发展，因为外国人多，所以上海的电影院永远不缺观众。看电影也是上海有闲有钱阶层的休闲娱乐。由于观众越来越多，1920年代末期，影戏院忽然如雨后春笋一样在上海滩冒出来，1928年的百星大戏院，1929年的福星戏院、巴黎大戏院、光陆大戏院。到了1930年，几乎每个月就有一家戏院开场——与此同时，上海的电影明星也如风吹桃花，一下子开得满树满枝。

酷爱电影的张爱玲自然不会对这一新时髦熟视无睹，她不但参与其中，发疯似的观看，还将戏院作为小说中的重要场景——《色·戒》里的平安大戏院就是这样，看看张爱玲是如何描写的："从义利饼干行过街到平安戏院，全市唯一的一个清洁的二轮电影院，灰红暗黄二色砖砌的门面，有一种针织粗呢的温暖感。""大概是在平安戏院看了一半戏出来，行刺失风后再回戏院，封锁的时候查起来有票根，混过了关。跟他一块等着下手的一个小子看见他掏香烟掏出票根来，仍旧收好。预先讲好了，接应的车子不要管他，想必总是一个人溜回电影院了。"

其实，"有一种针织粗呢的温暖感"的不是平安戏院，应该是新光电影院，新光电影院正是那种灰红与暗黄的二色砖砌成的外观，远远看上去，像阿拉伯民族的粗毛地毯，所以张爱玲形容为"针织粗呢的温暖感"，这感觉逼真又准确。新光电影院在宁波路上，从这里步行到黄河路张爱玲居住的卡尔登公寓不太远，她和姑姑逛着逛着就到了。

为了能看上好电影，更远的地段张爱玲也会跑过去，虹口外国人比较多，那里的外国布料带有异域风情，张爱玲常常不买，却将一卷卷布打开来当名画欣赏。走累了，就去看电影，她在《谈跳舞》中曾详细描写过在虹口大戏院看电影。虹口大戏院后来做过文化馆，在近年轰轰烈

张爱玲多次看过电影的平安戏院，在小说《色·戒》里也多次提到这家戏院。

烈的城市建设中被拆除。

张爱玲说"现代的电影院本是最大众化的王宫",那个时代的电影院非常豪华。看过一份资料,当年大光明电影院开张时,除了装潢富丽堂皇外,还设有茶室与酒吧,另有专门的侍候室,同时有衣着美丽亲切的中西女郎当招待。最最特别的,还聘请欧美著名乐师组成乐队为默片伴奏,声色犬马歌舞升平,电影院呈现的是五光十色霓裳鬓影的夜上海,是对现实高度的浓缩与优美的剪辑。

当年上海滩最著名的大光明电影院,张爱玲姑姑在此做同声翻译,张爱玲在此看过许多电影。

我觉得张爱玲是一口井

李碧华说:"我觉得'张爱玲'是一口井——不但是井,且是一口任由各界人士四方君子尽情来淘的古井。大方得很,又放心得很。古井无波,越淘越有。于她又有什么损失。"

张爱玲是文字巫女,李碧华亦是,文巫与文巫自然息息相通惺惺相惜,文字在她们手里盘活得就像她们人一样妖娆妩媚。只可惜李碧华少了民国乱世的烘托与上海霓虹的辉映,到底不如张爱玲风华绝代。但是她是懂得的,所以她看得清:"是以拍电视的恣意杂锦,拍电影的恭敬谨献。写小说的谁没看过她?看完了少不免忍不住模仿一下。搅新派舞台剧的又借题发挥,沾沾光彩。"李碧华很毒辣,毒辣的女人总让男人害怕,那些起劲淘张爱玲古井的男人更加害怕,他们就怕那些张爱玲谱系的女人,可能又恨又爱吧——毕竟要靠她们来吃饭。

最先来古井淘井的是桑弧———一桶下去果然淘到宝贝，那个时候张爱玲比较清闲，没有报刊敢发她的文章，有人介绍她写一部电影，只花了几天就写好了，这部电影叫《不了情》。在这之前她没写过剧本，但是看过那么多影片，而且卖文为生的她最初写的就是影评，什么《梅娘曲》《桃李争春》都看得滚瓜烂熟，剧本就是比小说更有画面感一些，对她来说并非难事。桑弧导演，陈燕燕主演，立刻风行上海滩，看得人眼泪滴到鼻涕上，后来的人听说了，口袋里就揣着条手绢，别到时将鼻涕擤到椅背上。

头一部电影火成这样，赚钱便小菜一碟了。老实的桑弧将银行大班的工作也辞了，一心一意拍电影，与张爱玲趁热打铁连拍了《太太万岁》《哀乐中年》，都是俗到家的市民故事，都被俗到家的市民喜欢着，一男一女一而再再而三合作，不擦出点火花似乎对不起小报——关于张爱玲与桑弧的绯闻不胫而走，张爱玲是知道的，也不当回事，可能还嫌煽情得不够，后来在《小团圆》里，她浓墨重彩地记了一笔——还说燕山对她进行性骚扰，并且就在公车上。燕山是谁？桑弧是也。

张爱玲电影《南北一家亲》剧照。

张爱玲的电影给人印象深刻,她去香港后,仍有人请她写剧本。那是老上海的女明星,叫李丽华,父母是京剧名伶李桂芳与张少泉,《三笑》一片让她红遍上海滩,和歌星周璇还是妯娌,想在香港拍电影,请张爱玲做编剧。知道张爱玲爱打扮,李丽华刻意装扮自己,短短的头发精心烫过,显得娇俏,一袭暗红色立领旗袍,胸口往上饰一朵牡丹花。她早早来到约会地点,张爱玲一如既往姗姗来迟,桌上点心碰都不碰,她婉拒了李丽华,略坐片刻然后起身告退。李丽华仍旧礼貌地送她到大门口,张爱玲翩翩身影淡入暮色深处。

一直到五年后的1956年,张爱玲才开始为香港电懋公司写剧本,抛砖引玉似的,一口气写了十来部——《情场如战场》、《人财两得》、《桃花运》、《六月新娘》、《温柔乡》、《南北一家亲》、《小儿女》、《南北喜相逢》,一直到后来的《魂归离恨天》等。老上海风华绝代,它的华丽底子被香港接了过去,这个傍依海边的出售香料的小港口,承接了海上的声色与靡丽,所以它才芳香扑鼻一红惊天。张爱玲一直在上海与香港之间摇摆不定,当她决定离开上海滩时,香港接纳了她,从文脉到人脉——所以张爱玲的电影在香港最有人缘,香港台北那些编剧导演们,一旦文思枯竭,就去淘一淘张爱玲的古井,马上便会淘出汩汩泉眼——许鞍华的《倾城之恋》与《半生缘》,关锦鹏的《红玫瑰与白玫瑰》,侯孝贤的《海上花》、李安的《色,戒》——张爱玲的电影史,光阴之间是一种惶恐,更是一种诱惑与挑战。张爱玲是冷漠的,不知

张爱玲电影《情场如战场》海报。

有几个导演能得到她的青睐与称许。李欧梵说她是"货真价实的影迷",曾与炎樱冒着枪林弹雨去看电影,战火中的工事间死尸旁,掠过两个锦衣女生的背影,这就好比是电影中才会出现的惊人一幕。

我只是有点奇怪,张爱玲的古井一淘多少年,从来不曾被掏空,所以李碧华说"古井无波,越淘越有"。

很多女主角都有一种甜味

张爱玲晚年回忆说:"一九四七年我初次编电影剧本,片名《不了情》,当时最红的男星刘琼与东山再起的陈燕燕主演。陈燕燕退隐多年,面貌仍旧美丽年轻,加上她特有的一种甜味……"

张爱玲一向对自己老年人般的口味有点自嘲,老年人就是喜欢一切软的烂的甜的食物,偏甜的口味转移到明星身上,比如陈燕燕,她就喜欢她身上"特有的一种甜味"。那时候陈燕燕偏胖,当然是息影多年造成的,在片中她只好尽可能穿大衣,一件黑呢子大衣总是穿着,好在故事发生在冬天,家里又没有火炉,所以穿呢大衣的理由也很充足。但是片子从头到尾一件呢大衣,壳子一样套在陈燕燕身上,又不能脱,一脱就露出胖乎乎的腰身,不要说观众看得心烦,张爱玲也直叹气。气人的是,一部片子拍到后来,可能因为累,人变瘦了,苗条了,可以脱大衣了,而片子也拍完了。

陈燕燕原名陈茜茜,出身满清旗人之家,那时她才16岁,16岁的女生身上,有一种清新与甜味,像樱桃或草莓。被星探发现要她演电影,家里不同意,架不住星探的再三游说,母亲只得同意,但让她更改姓名,陈茜茜便改名陈燕燕。因为长相甜美娇小可爱,一部《南国之春》让她走红,大家都记住了这个有点甜的小姑娘。当年张爱玲喜爱的一位女演员叫谈瑛,她的神秘一直为观众津津乐道,张爱玲是她的忠实影迷,为了看她的新片,放弃西湖之游吵死吵活要回上海。谈瑛被称为"黑眼圈女郎","黑眼圈"是谈瑛独创的妆容,将眼睛外围涂上重重叠叠的眼影，本来不大的眼睛马上变得神采奕奕。她喜欢将眼角的眼影往上涂，眼睛更显得灵动妩媚。当年的《时代电影》有一篇文章这样描写谈瑛化妆："烫了发纹，时常增加她脸部的线条……颈和肩膀也不是平线，带着东方味的半削肩，肩膀更会向上耸动接近卷发。全脸的精神，会聚在眉毛的伸缩上，我们看见她发怒时候的圆眼，我们看见她媚笑时候的眯眼。"谈瑛不化妆，笑容里有"她特有的一种甜味"——甜味也许并不属于哪一位，微笑的女明星都有，比如林黛。

老上海女星陈燕燕身上，确实有一种甜味。

　　林黛的电影处女作是拍的沈从文的《翠翠》，一身蓝印花土布，粗黑发亮的麻花辫，纯净的微笑在脸上宛若缓缓开放的花蕾，带有一种甜味——张爱玲看过林黛很多电影，不止一次夸她，就像当年喜爱谈瑛一样，她也很喜欢林黛。林黛的处女作是《翠翠》，边城中那个纯朴的翠翠仿佛就是为清纯的林黛而写，林黛身上的甜味与翠翠完全一致。林黛父亲是程思远，从前执掌李宗仁、白崇禧机要的桂系文人，林黛从小跟着他到处游走，她说："在我未满十四岁的少女生涯中，足迹已遍中国大陆的任何角落，心坎里体验了无数悲欢离合酸甜苦辣的现实生活，生活在这伟大时代的艰苦环境里，单是我自己的生活圈就包含了不知多少的戏剧成分。"由于自小对社会底层多有接触，林黛将"那个梳着两根大辫子、天真活泼的摇船姑娘"演得惟妙惟肖。林黛红了以后被人称为"钻石翠翠"，后来成为亚洲影后，下嫁有"云南王"之称的龙云将军的第五子龙绳勋。在香港的日子，张爱玲想为林黛写一部电影，写了撕撕了写，写了几稿仍不满意，那么喜爱林黛，可不能亏待了她，用现在的话说，就是度身定做吧。后来到美国任出版公司编辑，心里仍然放不下林黛，也许是受到赖雅影响。赖雅本来就是好莱坞的电影编剧，老浪子玩电影一直玩到老，两个人谈起电影一拍即合，张爱玲在这种情境下又提笔重写《情场如战场》，很快完成后马上寄到香港，附信说："这个戏无论如何要由林黛来演，因为女主角外形与个性，全以林黛为对象来创作的。"林黛看完剧本也很喜欢，当时的她正由红到紫，而张爱玲则从紫到黑——1964年，林黛30岁，30岁的林黛出人意料地步了阮玲玉的后尘，颓然凋谢。

很多书中还可以看到林黛的老照片，而张爱玲的电影其实很琼瑶，很多女主角都有一种甜味，从吴倩莲到林青霞再到汤唯，都是清甜的邻家妹妹——苦的可能只是林黛，隔着半个世纪的风尘来看她，身上"特有的一种甜味"就有一丝苦味，让人不忍回味。

风尘风月中，一朵朵海上花随风而逝

张爱玲喜爱的女明星林黛红到极点最终以自杀收场，当时有许多女明星都是这样殊途同归，风尘风月中，一朵朵海上花随波逐流，再随风而逝。

在老上海繁星满天的女星中，上官云珠是其中的一位，张爱玲与她相识是缘自于她的电影《太太万岁》——那是1947年，上官云珠与石挥配合得天衣无缝，两个人都是老戏骨——那么帅气的男演员，被称为中国的马龙·白兰度，《太太万岁》是他的巅峰之作，他是多面手，从小乞丐到穷教员，没有他不能胜任的角色，这一点也如同上官云珠，在随后的电影《一江春水向东流》中，她饰演的是珠光宝气的汉奸夫人何文艳，在《希望在人间》中，她又化身为坚定沉着的教授夫人，到了《乌鸦与麻雀》，她又成了忍辱负重的华太太——上官云珠红遍上海，很多老影人还记得她当初到剧组的样子：穿一身裁剪考究的乔其纱镶细边的长旗袍、绣花鞋，梳得乌黑光亮的发髻上斜插几朵雪白的茉莉花，手持一把檀香扇，扎过眼的耳垂上嵌着小小的红宝石。沧海明月珠有泪——到1968年深秋，上官云珠的日子到了尽头，面对无休无止的批判与交代，她又步了林黛后尘——上海高安路菜市场转角那个破旧的窗口，伸手不见五指的深夜，她飘下来，像一片落叶。

和上官云珠一样苍凉的还有梅艳芳，这个有时贤淑有时妖娆的女星有着双重性格，一静一动，一娴一癫，不知道哪一个才是真正的她？也许张爱玲的曼璐才是她——性感与感性、情色与色情，许鞍华选她选对了，只有她才是曼璐，美艳的曼璐、毒辣的曼璐，毒辣而美艳——与张国荣是天作之合，一样的如花美貌，一样的伤感气质，如果在生活中也能配成一对，那该是举世无双的绝配。可他们却同时华丽转身，迎风或背风，是两个不同的方向——许鞍华的《半生缘》每一角色都选得好，黎明的世钧、吴倩莲的曼贞、葛优的祝鸿才，当然最好的仍是梅艳芳——梅艳芬芳，一生的痴情，都在半生缘里，只有半生的缘分，她的歌词都是她命运的谶言：

> 斜阳无限
> 无奈只一息间灿烂
> 随云霞渐散
> 逝去的光彩不复还
> ……
> 奔波中心灰意淡
> 路上纷扰波折再一弯
> 一天想归去但已晚

人在江湖身不由己，但既入江湖，一生一世便是江湖中人，纵然心生倦意，又如何能从容归去？前世的故人，今世的流年，浮云的名利，

老上海女明星上官云珠在演戏。

刹那的光环，最后都融入无限夕阳的晚照中，这是梅艳芳1989年的名曲《夕阳之歌》。13年后，梅艳芳香消玉殒，张国荣零落成泥，一个绝症，一个坠楼，在西天的夕阳下，比她早走了几个月的哥哥正在等她——天国的风花雪月，梅姑与哥哥像合墓化蝶的梁与祝。

一朵朵海上花就这样在风尘风月中飘然而逝，包括《滚滚红尘》的编剧三毛——她写张爱玲实在不奇怪，她自己就是另一个才气冲天的张爱玲，闭门不出，拒人于千里，喜欢胡子花白老的男人，她要满足的不是身体而是心灵，荒芜的心灵需要沧桑地抚摸与蹂躏——和张爱玲一样，她从小就是个天才，孤僻的她无法与人交往，早早退学将自己关于漆黑的屋子里，美满的婚姻不可能属于这样的女人。远走撒哈拉，在一把黄沙中寻觅心灵的故乡，越是荒凉、荒残的地方越是她的神往之地。《滚滚红尘》是写她自己，所以她将张爱玲改名为沈韶华，开头拿碎玻璃自杀的镜头来自于自己的亲身体验，虽然最后是以丝袜吊颈，方法不同结局一致，就是要让肉体消失于万丈红尘——《滚滚红尘》这个名字实在是好，张爱玲背后就有一片滚滚红尘，模糊的光影，破碎的山河，情欲之男女，逃亡之人群，知道明日天涯永隔，却仍要偷取这片刻之欢，一切"已经在破坏中，还有更大的破坏要来"，张爱玲是女神，她的预言是神的启示，但"更大的破坏"狂风暴雨般肆虐时，她已化成一朵神秘的海上花，飘向大洋彼岸。

应该不是飘，是漂，因为不是飘在空中，而是漂在海上。漆黑的海面上漂浮着一朵朵海上花——是那个时代最凉薄的记忆。

老上海与老香港的红尘往事

桑弧与张爱玲合作电影《不了情》时，正是老上海风情万种的花季，无数女明星像野草闲花，无数制片公司也如雨后春笋般遍布上海各处花园洋房，张爱玲身着老祖母的夹被服翩翩淡入光影深处，那是老上海惊鸿的一瞥、华丽的回眸。

《不了情》也开始了张爱玲对电影的不了情，老上海或老香港那些红尘往事在她笔下如风吹荇草会集于一汪池塘——《金锁记》的忧郁、《半生缘》的哀怨、《倾城之恋》的缠绵，让香江之滨、浦江之畔无数先生小姐迷醉如痴。她的小说被称为"纸上电影"，黑白文字重现光影声色，迷醉如痴之外还有纸醉金迷。这时候张爱玲又自信满满地说："电影媒体能给我发挥空间，到底不似散文小说。"也许她说的是对的，文学是小众的，讲究鲜明个性；影视是大众的通俗的，井水可以不犯河水，大路朝天可以各走一边——她是灵幻的女人，长年生活在梦境之下，作为对庸俗现实的抗拒与叛逃，编剧这一职业正适合她天马行空的想象，她将生活剪辑得支离破碎，然后再粘贴组合——她迷醉于这样的工作，也沉醉于电影带给她的片刻麻痹。在香港，她曾冒着炮火进城去看电影——这样的时候会有电影放映吗？我怀疑，也许她在行进路上看到的就是一幕电影。那时候香港是个比较荒凉的海边小城，人不多，工作也难找，远远比不上上海。上海是个发育成熟魅力四射的姐姐，优雅的性感的妩媚的姐姐，在黑暗的中国放射出青春之光。而香港呢，她是瘦小的尚未发育的黄毛丫头，张爱玲自小就在上海香港两头跑，她明显偏爱上海，上海在她眼里美轮美奂："上海人是传统的中国人加上近代高压生活的磨练。新旧文化的各种畸形产物的交流，结果也许是不甚健康的，但是这里有一种奇异的智慧。"甚至夸上海人"个个肥白如瓠，像代乳粉的广告"。所以她的笔对准了上海，后来的电影镜头也对准上海，对准上海滩上那些如花似玉或花团锦簇的女明星，她们如鸳鸯蝴蝶般群飞而起，给正处于花样年华的上海锦上添花。张爱玲的电影全拍摄于这一时期，当然也不仅仅是张爱玲的，那些老电影《乌鸦与麻雀》、《马路天使》、《野草闲花》——那些老明星周璇、胡蝶、顾兰君或陈云裳，如灿烂星光照亮夜上海的天空。

某一天，这片夜空突然消失了星光，大批文化人如秋风扫落叶，漂洋过海一路往下，会集于那个小小的叫香港的港湾，叫香港的小妹妹一下子眼睛亮了，胸脯挺了，丰满了也漂亮了，真是女大十八变。再回首上海那个姐姐，她开始变得有些暗淡、憔悴，容颜苍老。显然，这里不再适合张爱玲居住，她去了香港，重新捡起笔再续电影之梦。在上海的姊妹之城——香港，她写出一部又一部电影：《人财两得》、《六月新娘》、《温柔乡》、《桃花劫》等等。她的笔几乎停不住，在这个与上海纽襻相连、唇齿相依的城市，她分别住过许多年，留下太多的芳踪与眼泪。是上海的暗淡才有了香港的明媚，是上海的消瘦才有了香港的华美，也可以这样说，是上海成就了香港，是上海给了香港千载难逢的机遇。这两个城市有太多的共通与认同，所以张爱玲的气脉很容易在这里找到沟通，所以香港或台北的影人拍了一部又一部张爱玲作品：《倾城之恋》、《半生缘》、《红玫瑰与白玫瑰》、《海上花》——是韩邦庆的"海上花"，也是张爱玲的"海上花"，包括《海上花》中的那些女明星，刘嘉玲或李嘉欣，缪骞人或吴倩莲，她们演完了《海上花》，一个个就变成了海上花，华美、妖艳、绮丽、绝色，风华绝代。

香港与上海，就好比张爱玲与炎樱，就如同张爱玲与苏青，离也离不得，离了心也要在一起的——她们是张爱玲心头的两朵花，姊妹花。

光影中一位仙女降下凡尘

林青霞在琼瑶的《窗外》中出现时，华语圈的影迷们眼睛都被点亮了，他们看到光影中一位仙女飘飘荡荡降下凡尘——天上掉下一个林妹妹。

那是1973年，琼瑶的《窗外》招考女主角，招了半年一个没招到——招是招到一大批，都不是导演心目中纯情的江雁容。那天导演和一个场记在台北西门町喝茶，槟榔飘摇的林荫道上，走来了一个赤足小姑娘，她有鞋子不穿，却将鞋子提在手里，赤足走过阳光下的青草地，赤足与草地接触的一刹那，一脸惊喜与调皮。草地上阳光的女孩那么美好，那么纯真，导演看呆了，江雁容就是她，就该是她。他马上跑出去，笑着问她："你叫什么名字？你愿意演电影吗？"女孩说："我姓林，我叫林青霞。"

天上掉下一个林妹妹，林妹妹从《窗外》到《云飘飘》，像春风野火一样红起来。那时候我们在大陆还不知道她，看了三毛编剧的《滚滚红尘》才看到她。当然，这之前在报刊上对她略知一二，而电影却是第一部。我是冲着张爱玲来的，尽管电影里张爱玲的名字叫沈韶华，但我知道她就是张爱玲，那个用紫红窗帘包裹着身子站在男人脚背上跳舞的女人就是张爱玲，林青霞就是张爱玲喜欢的那种"特有的甜味"。甜味不是张爱玲的精神内质，秦汉的章能才好像显胖了一点。那是1990年，三毛还在，张爱玲还在，那时候林妹妹与秦郎郎才女貌花红热闹。20年光阴转眼即逝，林妹妹嫁作他人妇——邢门一入深似海，从此秦郎是路人，三毛和张爱玲早去了天国，电影中罗大佑的歌词一直在唱：

想是人世间的错
或前世流传的因果
……
来易来，去难去
数十载的人世游
分易分，聚难聚
爱与恨的千古愁

一流女明星的出现都是这样，和张爱玲一样的上海姑娘陈冲亦是如此。当年《小花》上演，一红惊天。我更喜欢她在《红玫瑰与白玫瑰》中的表演，上海女人演上海女人，滋味是那么地道，就像上海城隍庙的南翔小笼与绿波廊的拉糕与汤团，都是正宗的上海滋味。她很妩媚，蓬松的头发与顾盼的眼风很性感。女人到了一定的年龄都很性感，让男人怦然心动。这是我最爱的一部张爱玲电影，看它时是在一个农业小镇，在朋友家新做的水泥楼房上，是从外地带来的盗版碟，尤其喜欢陈冲与赵文瑄做爱的场面——艺术化的情欲淹没在两个性感男女的欲望之河中，不是陈冲与赵文瑄，应该是张爱玲的振保与娇蕊。坐在振保身体上的王太太在肉体的颠簸中抚摸自己，密密的遮阳帘子漏下的光线切割成条形码一样笼罩着这一对男女。娇蕊是红玫瑰，陈冲丰腴的身体也一如盛开的玫瑰。叶玉卿是白玫瑰，她是艳星出身，但是她的白玫瑰只是坐在马桶上萧条枯萎。杜可风任艺术设计，他交织着完美光感的镜头，有如深秋草木，极尽绚烂精巧之能事。当然离不开小虫，他的《玫瑰香》组曲一唱三叹，包括导演关锦鹏，他细腻玲珑的手笔前所未有地拓展了张爱玲笔下的上海风物，还原了张迷们对于旧上海的印象。

旧上海的印象肯定少不了张爱玲，她当年穿一身素淡旗袍低调地出现在画锦里的《紫罗兰》编辑部，她的腋下夹着个用报纸包着的稿子，是一篇小说手稿，

《紫罗兰》杂志，张爱玲著名小说《沉香屑 第一炉香》就发表在这本杂志上。

工工整整誊抄在朵云轩稿纸上。不久,《紫罗兰》杂志的周瘦鹃就发表了这篇小说,名叫《沉香屑 第一炉香》,袅袅沉香中,身着旗袍的张爱玲登上海上文坛,又一个林妹妹翩翩降下万丈红尘。

就像野火花一样红得不可收拾

张爱玲在小说中写一种烂漫的红花,形容野火花"红得不可收拾"——这样的形容词用在汤唯身上十分贴切,汤唯自出演李安的电影《色,戒》之后,就像野火花一样红得不可收拾。

李安的《色,戒》,其实就是张爱玲的《色·戒》。汤唯演了王佳芝之后就像张爱玲笔下的"白莲子似的月亮",很快升上高高的夜空——如花似玉的女演员那么多,但你很少能看到像汤唯这样的天生丽质。白居易说"天生丽质难自弃,一朝选在君王侧",这是赞美杨贵妃的。汤唯没有选在君王之侧,她被李安的慧眼相中,出演上海女生王佳芝——王佳芝这个女生不一般,张爱玲写这篇小说,从上海一路写到美国,翻来覆去地改,可见上海女人对上海女人的偏爱。

王佳芝是上海人,她在生活中的原型是郑苹如,《色·戒》应该算是纪实小说,我亲自踏访过郑苹如生活的万宜坊,那里至今仍是一派老上海风情。19岁的郑苹如风姿绰约家境富有,是上海滩著名的美人,做过当时全国最为畅销的画报《良友》的封面女郎。抗日战争后,重庆国民党当局命令郑苹如,不惜一切代价干掉汪伪特务头子丁默邨。丁默邨曾是郑苹如读中学时的校长,有师生之谊,所以她很容易地接近了丁默邨,并成功将他勾引——这是一个情色艳遇,还有潜伏与暗杀。可是,王佳芝爱上了老易,也就是郑苹如爱上了丁默邨。张爱玲在小说里这样写:"每次跟老易在一起都像洗了个热水澡,把积郁都冲掉了。"一篇3000字的小说,写了30年,相当于一年只写100字。王佳芝的故事很戏剧化,这个女生天生生活在舞台上,她的人生高潮发生在老上海的背景下,让一个宏大叙事饱满充实。张爱玲的魅力太强,也可以说老上海的魅力太强。"张迷"们口味挑剔，电影人一向这样说："张爱玲碰不得。"李安却成功拿下张爱玲，不是因为胆大，而是因为懂得——他在台湾旧式家庭长大，常常跪拜在家父面前行大礼。一个旧式男人，一个典型的中国式男人，对张爱玲的懂得不如说是对中国文化的懂得。他只拿了张爱玲的皮毛，他用张的台词与情景来讲自己的意思——王佳芝在最后时刻放了老易，张爱玲说过，"人生最可爱的当儿便在那一撒手罢"，一撒手时不动脑只动心，王佳芝这样放了老易，然后朝低处走去，低到尘埃里，再开出花来。

汤唯就是一朵花，张爱玲笔下的野火花，红得不可收拾的野火花，那些穿旗袍或风衣的造型，宝蓝色的旗袍或沙漠绿的风衣，光洁如玉的面庞，坚定执着的眼神，强大气场一如台风来临前的风吹草动。有一个朋友见过汤唯，好像就在《色，戒》的片场，后来她告诉我，当天汤唯就穿着牛仔裤白衬衫，扎着一条马尾，"下午的阳光打到她脸上，她站在一棵开花的树下仰起脸，微微眯起眼睛，我当时心里想，真漂亮啊，说不出来的感觉，她身上有一种很干净的味道，很正气，也很爽气"。我喜欢她的有一个瞬间，在《色，戒》电影里，她以买珠宝之名将老易骗到珠宝店里，那是炎樱家的珠宝店，这时候美人为情所动，突然放了老易，据说是因为爱。可是秋后老易却没有放过她——那是极其优美的一刻，动情的一刻，王佳芝的宝蓝旗袍上有隐隐的暗暗的花纹，火油钻放出炫目耀眼的光芒，老易在凝神的那一刻，脸上晃过一丝温柔——这一刹那间，男人女人都是动情的，为情所惑，为情所迷，他和她都不是猎手与猎物，只是两个心有灵犀的情人。我不知道李安为什么要在片尾加上那么冗长沉闷的一段做爱，那个怪异姿态没有任何美感可言。李安在这里暴露了他的空虚与信心不足，下意识里他一定后悔这次"碰"了张爱玲——这样的后果是严重的，它直接导致汤唯被雪藏。

我以为会再也看不到汤唯了，但很快她就带着《月满轩尼诗》重新复出，她只是与我们小别，小别胜新婚，那份快感无以言表。不表也罢,反正又看到了她,以及她那野火花似的模样。

华美的旗袍被人穿了又穿

在上海一家医院深处,我偶然遇到一个香港剧组在拍《半生缘》,那是一个杂草丛生的破旧院落,被改造成了张爱玲笔下的"才记洋行"。镜头涉及的地方窗明几净,不涉及的地方荒草萋萋,墙头瓦檐画满岁月的荒凉——而一身鲜艳旗袍的蒋勤勤,带着一股略显夸张的风情走过来,似乎岁月突然撕破华美的包装,让我们看到一片老上海的废墟,我当时想到一部影片——《时光倒流七十年》。

张爱玲被拍滥了,老上海也被写滥了,衡山路、福建中路一带的老洋房不知被拍摄多少次。在上海,要想找到一处没被拍过的有些味道的老房子不那么容易了,就有一些影人在上海的犄角旮旯寻找,以期发现一些老上海碎片,然后花重金将它们修整,就像给岁月疗伤——说白了,张爱玲的电影也是给一些怀旧病患者疗伤,所以她的小说才一次又一次被改编。这一次《半生缘》的改编者是年轻的编剧胡月,我不知道她做编剧是不是为了养家糊口,很多编剧都是写小说起家,小说微薄的稿费常常让他们生计无着,包括畅销的张爱玲也是如此——所以他们寄希望于在剧本上得到补充。张爱玲当年在老上海做编剧就是为了糊口,宋淇在香港做编剧时,张爱玲寄居在宋淇儿子的小房间里,忍受着寄人篱下的煎熬,眼巴巴地盼望着宋淇给她带回写剧本的合同。后来她将很多遗物及版权无偿赠送给宋淇的儿子宋以朗,可能也是作为一种报答——那一段她几乎写疯了,那些搞笑的甚至粗俗的剧本写的仍是老上海或老香港,如今看那些黑白老片子,毫无美感可言。老上海也好,旧香港也罢,都被人写滥了,张爱玲也翻不出新意,就如同张爱玲箱底那些散发岁月沉香的老旗袍,晒霉的时候摊出来,仍然鲜艳如新,但是,再华美的旗袍毕竟穿了一年又一年,变得陈旧乃至损坏也是不可避免。

但是仍然要穿,在没有新衣服的时候,不穿旧衣那穿什么?影人的想象力缺乏以及无数文化人周期性的怀旧毛病，使得电影人也周期性地将镜头对准张爱玲，对准老上海——他们拍张爱玲，也是在寻找他自己，或者将张爱玲想象成她自己。无论是"尘埃里开出来的花"，还是"人生是个苍凉的手势"，宽袍大袖的张爱玲总是令人过目不忘。三毛的改编最彻底，她甚至将一些背景置换到北方，那种生死大逃亡的场面其实是三毛自己内心的荒凉。她改编张爱玲，她也被张爱玲改编，所有的生活细节全被过滤掉，让人生尽显苍凉底色。相比《半生缘》，我更喜欢1998年侯孝贤的《海上花》。作为吴语小说，《海上花》的作者虽然不是张爱玲，但是她从小就阅读，读得滚瓜烂熟，经过她的翻译，张爱玲的二度创作让《海上花》盖上她的印戳，其实张爱玲的小说都有《海上花》的影子。也许张爱玲谱系里的女文青都有一种泛爱倾向，包括李安的御用编剧王蕙玲。王蕙玲说，当年李安告诉我他要拍《色，戒》，要我做编剧，我当下几乎要瘫倒——张爱玲在她眼里，就是一个梦魇。从前为李安写戏，从《饮食男女》到《卧虎藏龙》，她从没有这个感觉。此前一部电视连续剧《她从海上来——张爱玲传奇》让她死里逃生，为了张爱玲，她的眼睛几乎累瞎，剧中张爱玲所说的每一句话，都是她从小说里抠出来的。剧本写完，她几乎大病一场，如果再写《色，戒》，肯定又是死里逃生。但是王蕙玲最后还是选择了张爱玲，带着满腹伤痛与苦楚，也因为她太爱这个女人，又疼爱又怜惜。

张爱玲是充满伤痛的，像一道伤口或老疤，不时地让很多人心头隐隐作痛——疼痛无法自愈，张爱玲又成了止痛片与安眠药。只是现在的上海已不是1930年的上海，1930年的香港已不是现在的香港。张爱玲说过"时代是仓促的"，她那袭华美的旗袍被人穿了又穿，穿得实在太久，肯定要褴褛毕现、捉襟见肘。

可是我酷爱这风韵天然的题目

张爱玲提到一出绍兴戏《借红灯》，她说，"因为听不懂唱词，内容我始终没弄清楚,可是我酷爱这风韵天然的题目,这里就擅自引用了一下。《借银灯》,无非是借了水银灯来照一照我们四周的风俗人情罢了"。

张爱玲迷恋电影,也是出于对戏剧爱好的延伸。电影其实就是用水银灯来照一照我们四周的风俗人情,没有比经过剪辑的生活更让张爱玲沉醉的了。那些放大的幻想与诗意,是对生活的美化与提纯。那时候电影传进中国不久,上海的影院遍地开花,但奇怪的是,再多的影院似乎也不嫌多,每一家每一场都人头攒动,并且到处都在闹剧本荒。当时最红的编剧是曹禺,但是曹禺毕竟只有一个,而观众却那么多,胃口那么高,曹禺先生不吃饭不睡觉怕也写不及。张爱玲也提笔做编剧,剧本拿给柯灵看。写剧本毕竟不同于写小说,柯灵以为结构太散漫,最后一幕完全不能用。柯灵耐心指教,一次一次地改,改完了之后又觉得茫然,这本子好了往哪送呢?找任何一家演艺公司,人家必定要问你的本子上没上过舞台?拍没拍过电影?没演过没拍过算是新人,对不起,新人的本子谁敢演谁敢拍?白花花的钞票往水里丢?可这是一个悖论:你不演我本子他不拍我本子,我就永远是新人,而新人又没有机会,那就一辈子没有机会。也许先将剧本印出来发行,让演艺公司老板看到——但是如果没被看到反而被人抄了呢?张爱玲捧着剧本得失不定。最后还是柯灵帮了她,终于有公司老板周剑云要面谈。见面那天她的衣着很夸张,夸张到出风头的地步:一袭拟古式齐膝夹袄,超级的宽袍大袖。周剑云被张爱玲这身霓裳吓住,好在最后两个人还是相谈甚欢。几个月后,张爱玲的舞台剧《倾城之恋》如期在兰心大戏院上演,她心里那个急啊,排练时就常常过来看。到演出时,将家里七大姑八大姨都请来,还特地送给柯灵一块宝蓝色绸袍料子,柯灵穿在身上到处显摆:"爱玲小姐送我的呢。"

张爱玲做编剧不排除有赌气的原因——曾经有人在报上写文章说,写小说的人,写出来的戏只能读不能演,张爱玲就想着自己应当怎样克服这个成见,或争一口气。她在文中说,"戏是给人演的,不是给人读

老上海兰心大戏院，张爱玲的舞台剧《倾城之恋》就在此上演。

的。写了戏，总希望做戏的一个个渡口生人气给它，让它活过来"。这话倒是说得很妙，剧本里的人物都是无形的，和死人一样，他出现在舞台或银幕上，就活了，仿佛渡了口活生生的人气给他，他活过来了，有他的欢笑与眼泪，按照他自己的故事一路走下去，不管结局如何，好歹有他的一辈子——这也是所有好剧本的魅力所在。所以，几乎所有的编剧都不愿别人轻易改动他的剧本，剧中人物如同编剧生下的孩子，你随意改动，随便让他说出不该说的话，做出不该做的事，甚至干脆换一个角色替代，让他消失，这是任何孩子的母亲都不能接受的。

这样的职业既挣钱又快乐，张爱玲自然沉迷其中——小说中的人物也是活的，但那是看不见摸不着的，要读者发挥想象。剧本就不是这样，它一旦被拍摄或上演，所有的人物都活灵活现出现在你眼前。张爱玲与赖雅的结合多半是建立于共同的编剧经历——这个好莱坞编剧，这个迷失在灯红酒绿中的老男人，最后在一个中国女人的臂弯里停泊，滚滚红尘中的沧桑男女，被一支拙劣的笔编写到一起。也不奇怪，他们是两个相同的人，酷爱写作与电影，酷爱这一份"风韵天然"的事业，这是生命里点点滴滴的诗意，是超逸也是救赎。

只是因为在人群中多看了你一眼

1956年3月，大雪覆盖着美国新罕布尔州，麦克道威尔文艺营大厅，壁炉内火光熊熊，头发花白的作家与诗人正在享用晚餐，温暖的枝形吊灯下，微醉的人们在低语交谈。张爱玲来迟了，她像一缕烟一样无声飘入，脱下大衣与围巾，露出简单的洋装，外面罩着一件网眼小外套，一位老男人满脸通红正在饮酒，他的目光越过红酒杯落到张爱玲身上。

这是电影中的一个镜头，女主角大家都知道是张爱玲，那位饮红酒的男主角叫赖雅，好莱坞编剧。一个伤痕累累的中国女人，一个穷困潦倒的美国男人，在昏黄的光线里多看了一眼，就是这多看的一眼，命运之神将他们拴在一起——张爱玲说过，生活像电影一样，他们相见的一幕就是电影中的一幕。反过来说，电影也像生活一样。张爱玲和赖雅的故事后来被多次拍成影像，两个人都做过编剧，一个在上海滩，一个在好莱坞，共同的爱好让他们有了说不完的话题——在麦克道威尔文艺营那个古朴的小木屋里，外面大雪纷飞，屋内温暖如春，前尘往事让两个东西方编剧恍惚如置身电影。65岁的赖雅在好莱坞混迹多年，风流韵事自然不少，虽然曾有过几次轻微中风，但是讲究衣着的他举手投足间仍然有浪子的潇洒与不羁。这一年张爱玲才36岁，每天晚上伴着外面风雪呼啸，依在壁炉上倾听赖雅的讲述，那是她一天中最幸福的时刻，她需要他，需要这个美国老男人的陪伴——不仅仅因为心灵孤独，也因为生存所必需。刚入美国时，炎樱介绍她迁居救世军所办之女子宿舍，其实就是一处难民营，酒鬼、流浪汉、乞丐充斥其中，环境恶劣得难以想象。她实在是住怕了，她需要在美国有一处寄身之所，有一个伴侣，而这个同样无家可归的浪子无疑是最佳人选。半年后，在炎樱的见证下，两个流浪的人搬到一起。

赖雅从来没有在美国大红大紫过，但也不是碌碌无为之辈，想当年青春飞扬的时刻，他在好莱坞也出过风头，德国著名剧作家布莱希特是他最好的朋友，他平时助人为乐，他的创作也并非一无是处。纽约著名的雷电华制片公司1936年发行的影片中，赖雅参与了三部影片的编剧。另外好莱坞七大制片公司中，赖雅起码参与了六部影片的编剧，这些剧本多半写于1931年到1942年之间，其中一部《世界，众生和恶魔》是由赖雅一人编剧，但直到1959年才由米高梅公司发行。此片阵容强大：黑人歌星兼影星贝拉方特、梅尔·弗尔等出演曼哈顿被炸毁后仅存的几个人，看来这部影片是近似科幻片的灾难片。

赖雅本人也至少有六部小说搬上银幕，只有其中一部《新潮试情》不是他编剧，这部影片1952年由二十一世纪福克斯公司发行，制片人是好莱坞大腕扎努克，女主角简·皮特斯是前俄亥俄州小姐，后下嫁给明星霍华·休斯。这部影片说的是一个小城理发师的故事，他太太住不惯小城，与人私奔，后因车祸丧命。理发师独自一人把两个孩子养大，其中一个后来去芝加哥当了小流氓，街头枪战而亡。理发师进入晚年后，极受市民爱戴，身边有个孙女儿耐莉，也不甘寂寞，最后走上外婆一样的道路。这是一部市民剧，像张爱玲所说的"平淡而近自然"。1946

张爱玲和赖雅初相识时合影。

年，赖雅出版了一部小说《我听到他们唱歌》，据说哥伦比亚大学图书馆里仍然有这部小说，很多"张迷"会借来阅读，所以那本书就翻得有点烂了。

赖雅与张爱玲结婚时身无分文，在麦克道威尔文艺营分手时，张爱玲悄悄往他手里塞了数目不小的一笔钱——王蕙玲在编写《她从海上来》时，这个细节成为最感人的一幕，王蕙玲懂得张爱玲——作为编剧，他们两个都是出色的，当年张爱玲出走海

张爱玲和赖雅婚后在一起。

外，最惋惜的是夏衍，他对柯灵说："张爱玲是个很不错的文艺人才，如果她肯回来，还可以安排她当专业编剧。"此话后来传到张爱玲那里，她没有回应也不想回应，生活在她眼里，就如同电影一样，电影在她眼里，也如同生活一样，她要用长长的一生，来编写一部最精彩的电影。

似乎是一个稀有的朴讷的荡妇

张爱玲最早的文字是影评，那时她还是小女孩，想写点文字挣点稿费补贴家用，写什么好呢？最爱看的是电影，而且是便宜的、影院都放过的电影，所以提笔就写影评，她这样说："陈云裳在《桃李争春》里演那英勇的妻，太孩子气了些。白光为对白所限，似乎是一个稀有的朴讷的荡妇，只会执着酒杯：'你喝呀！你喝呀！'没有第二句话，单靠一双美丽的眼睛来弥补这缺憾，就连这位'眼科专家'也有点吃力的样子。"

《桃李争春》是根据美国影片《情谎记》改编，说的是一个离奇的

故事，贤惠的妻子含辛茹苦地照顾丈夫的情人肚子里的孩子，经过若干艰难，阻止那怀孕的女人堕胎。张爱玲说："这样的女人在基本原则上具有东方精神，因为我们根深蒂固的传统观念是以宗祠为重。""导演李萍倩的作风永远是那么明媚可喜。尤其使男性观众感到满意的是妻子与外妇亲狎地，和平地，互相拥抱着入睡的那一幕。"中国人眼里的荡妇最后蜕变成这样一位良母，确实非常罕见，张爱玲称赞她为"稀有的朴讷的荡妇"，倒有几分传神，从来不曾有一位小三像她这样"朴讷"——我在网上下载过这部黑白老片，也可能是对白太少所致，这位妻子并不见得有多出彩，张爱玲说她"太孩子气了些"。这样极致的故事有轰动效应，就像张爱玲评论过的《梅娘曲》，丈夫去"台基"寻花问柳，总是会下意识地想到太太和女儿会出现在哪里，他和她们迎头撞上。张爱玲说："这石破天惊的会晤当然充满了戏剧性。我们的小说家抓到了这点戏剧性，因此近三十年的社会小说中常常可以发现这一类的局面，可是在银幕上还是第一次看到。"那个可怜的梅娘，应该称"霉娘"，被引诱到"台基"上，碰巧在那里遇见了丈夫，他打了她一个嘴巴，她没有开口说一句话就被他休掉了。

不必关心电影里的道德问题，比如丈夫可以拈花惹草而妻子就不能红杏出墙？也不必关心电影外男与女的地位悬殊，比如为什么男人可以花天酒地而女人只能忍气吞声？把目光更多地投向那些女明星本身，陈波儿或叶秋心、黎莉莉或龚秋霞、王人美

老上海时代电影《桃李争春》招贴画。

"孤岛影后"陈云裳。

或李丽华、白光或陈云裳——千朵万朵压枝低,张爱玲时代的明星才是明星,看过一张陈云裳旧照,模糊的斑驳的旧照片,她才14岁,一身缤纷霓裳,印证了她的芳名:云裳,"云想衣裳花想容",14岁的女孩应该过于青涩与单薄,压不住那一身华丽。但是陈云裳压得住阵,她从花团锦簇中出挑,洋气多过正气,早熟,迫不及待要绽放她的美艳。她演过无数电影,到了晚年仍喜欢系明亮丝巾,头上还戴着或朱或粉的浓艳鲜花,曾被《青春电影》票选为"电影皇后",她一直保持"皇后"风范。而白光就一无所有,她想做《桃李争春》中的女二号,只是孤注一掷,拿出全部积蓄5万元入股。后来证明白光没有看走眼,《桃李争春》上映后,"桃李"满天下,她也走起了桃花运——电影里她是"稀有的朴讷的荡妇",银幕下她美艳妖娆风情万种。但白光最后被男人所骗,神秘失踪——半年后又再度现身上海,备受追捧,成为上海滩一线女星。1949年后她与周璇、李丽华、王丹凤等人来到香港,主演了《荡妇心》、《血染海棠红》、《一代妖姬》——一代妖姬从此替代了白光之名。后来在马来西亚夜总会的一次演出中,她遇上了小她20岁的老板弟弟颜良龙,欢场上的一见钟情换来30年的相濡以沫,在欲海中摸爬滚打出来的女人,最终在吉隆坡定居,一生厮守。

她死后，颜良龙为她建造起琴形墓碑，琴键上端刻着一行《如果没有你》的五线谱，这是白光最爱的一支歌，按动琴键，她那几十载风情不改的歌声悠悠唱起。很多人来吉隆坡会找到白光的墓地，人们没有忘记她，她演过众多风骚妖艳的美妇，但最令人难忘的，还是张爱玲笔下那个"稀有的朴讷的荡妇"。

那实在是心惊肉跳的奢侈

张爱玲从小喜欢模仿女明星，看到电影《侬本痴情》里的顾兰君，用丝袜结成绳子缚住纸盒吊下窗去买汤面，张爱玲说那是"心惊肉跳的奢侈"——那一年她才14岁。

那是1934年，当时的上海正处于中国电影的开创时代，上海滩的女明星如春天的烂漫山花，从胡蝶、徐来到白杨、英茵，从阮玲玉、王人美到陈波儿、李绮年，从陈娟娟、王莹到陈玉梅、叶秋心……她们是飞舞在黄浦江上的鸳鸯蝴蝶，也是生长在上海滩头的美人香草。也正是因为这些电影明星的点缀，后世才看到老上海的五彩缤纷、十里洋场的华丽炫目——女星们的曼妙倩影就是张爱玲少年梦想的翅膀，她后来果然成为明星式的女作家，也与当时红极一时的女星们交往颇多。

当年上海滩的女作家其实也等同于电影明星——五四以后，上海的一批女作家不但以自己的作品令人刮目相看，她们的衣食住行也像电影明星一样成为大众注目的焦点。不论陈衡哲、冯沅君、谢冰莹、凌叔华、陈学昭，还是冰心、庐隐、白薇、丁玲、萧红等都是如此，张爱玲就是其中的代表。女作家广为人知，是因为她们有作品出版，而女明星呢？当然也有作品，她们的作品就是影片，也就是最早的"西方影戏"。声光音色合成的"西方影戏"登陆中国的第一站就是上海滩，黄浦江畔的海港傍依太平洋，"火树银花，城开不夜"的十里洋场，最终成为中国第一都会。新式影戏让市民趋之若鹜，大光明、南京、大上海、美琪等剧院拔地而起——还有张爱玲多次看过电影的国泰电影院、

光/影

被张爱玲写进小说中的平安戏院、张爱玲话剧在此上演的兰心大戏院。与此同时，上海的电影女明星也如风吹桃花，一下子开得满树满枝，殷明珠之青春亮丽、王汉伦之端庄贤惠、杨耐梅之风流妖冶、黎明晖之娇嗔活泼，当然还包括张织云、丁子明、宣景琳——实在太多，无可计数。正是上海滩众多的女星影响了上海女人，导演关锦鹏说："我一直觉得那个年代的女明星和现在的不同，那个时候的女明星很有神秘感，简直像女神一样，我小时候太迷上海拍摄的这些老电影和里面的女明星了。所以我后来拍女性时就会不自觉地把她们塑造成那样。"

老上海有无数电影杂志，《电影生活》只是其中之一。

女明星群芳争艳，标志着一种全新的现代文明在上海滩出现，她们之所以广为人知深入人心，除了电影这种媒介外，报刊杂志也起着推波助澜的作用。张爱玲时代的各类杂志多到难以计数无以复加，由于电影杂志的普及，女明星的花边新闻成了市民的下酒菜与私房话，当时以刊载女星绯闻八卦的电影杂志就有《电影生活》、《时代电影》、《电声》、《艺华》、《电影画报》、《新影坛》、《中国电影画报》、《明星》、《银色》、《影迷画报》——每一种都用从国外进口的机器彩色印刷，售价昂贵，所以张爱玲与炎樱常常在报摊只翻不买，因为那实在是"心惊肉跳的奢侈"。

第七章

美 / 味

"报刊上谈吃的文字很多，也从来不嫌多。中国人好吃，我觉得是值得骄傲的，因为是一种最基本的生活艺术。"

——张爱玲

不在咖啡馆，就在去咖啡馆的路上

张爱玲一贯崇尚西式生活，视进面包房、坐咖啡馆为生活之必需，笔下的文字常常飘着咖啡味、奶油香："我寓所附近路口的一家小杂货店倒有'黛文郡（Devonshire）奶油'，英国西南部特产，厚得成为一团团，不能倒，用茶匙舀了加在咖啡里，连咖啡粉冲的都成了名牌咖啡了。"

张爱玲爱喝咖啡，进咖啡馆就成了稀松平常的行为，写咖啡的文字也比比皆是。中国人从前好像从来不喝咖啡，只有到了老上海这一代，咖啡才和电影院、歌舞厅等西式生活一同传入。一向崇洋媚外的张爱玲无师自通喜欢上它，喝咖啡对她来说不仅仅是耍情调充小资，更显示一种平等自立的现代生活方式，比如生活的来源靠的是自由写作；比如和任何好友在一起消费都会采用 AA 制——口味西化，生活方式同样西

起源于天津的起士林店，现在仍在天津。

飞达咖啡馆的香肠卷。

化。张爱玲虽说不善交际，可身边从来不缺闺蜜，少时的黄家漪姐妹，以及成年后的炎樱与苏青，霞飞路以及静安寺，经常出现她们瘦削单薄的身影，逛街只是一个由头，吃喝才是目的。据张迷魏可风考证，那时上海的咖啡馆多得不计其数，点心、咖啡做得非常地道，咖啡是2元一杯，蛋糕比较贵，要3到6元，和冰淇淋差不多，如此妙品张爱玲当然不会错过。

起士林是上海众多咖啡馆中的一个，此品牌源自天津，张爱玲恰巧在天津生活过，后辗转来到上海，起士林竟然也跟至上海，驻扎在她家隔壁，不能不说这是一种缘分——据说起士林形成于清末，八国联军占领天津以后，有一个随军而来的德国厨师，名叫起士林，德军撤走后他留了下来，在法租界开了一家西餐馆，供应自制的面包、咖啡，大受欢迎。张爱玲后来在小说《色·戒》里提到的"凯司令咖啡馆"，也是上海著名的咖啡馆，据说是起士林里出走的领班开的。据魏可风先生考证，张爱玲其实很小的时候就和父亲去咖啡馆，她喜欢点一种小蛋糕，偶尔也会吃父亲点的香肠卷，那时候父亲还是爱她的，在天津，他们父女应该是起士林的常客。晚年漂泊海外，在多伦多购买的香肠卷令张爱玲记忆犹新，因为后来过关时，关员看她除了四只香肠卷，可以说什么也没买，无税可纳，一脸不情愿。美国没有香肠卷，加拿大到底是英属联邦，香肠卷有是有，不过也只是聊胜于无——太油腻，还辣得眼泪鼻涕直淌，和飞达咖啡馆的香肠卷没法比。

成年后写作，不喝咖啡几乎就不能产生灵感，那个时代的上海，是仅次于巴黎的世界级大都会，咖啡馆、歌舞厅、影戏院是许多文人明星流连忘返的地方，穆时英或叶灵凤的作品中对此种灯红酒绿多有描摹，张爱玲自然相当熟悉。张爱玲之所以在后世被众星捧月，原因之一我想就是早在20世纪三四十年代，她就身体力行地过上了21世纪小资们向往的生活：我不在咖啡馆，就在去咖啡馆的路上。

吊张爱玲膀子吊得如此妖娆

在张爱玲生日那天，上海一家叫"福1088"的饭店做了一桌张爱玲美食请客。请的是谁呢？张爱玲研究的专家陈子善和美食家沈宏非。据说每一道菜都源自于张爱玲，包括那酒。上海的黄酒竟然名叫"海上花开"，叫"海上花开"不如叫"海上花"，张爱玲的心血之作——吊张爱玲膀子吊得如此妖娆，真是地地道道的海派风格。

张爱玲算得上一位美食家，尽管她对中国菜的要求并不高，红烧肉剩下的汤汁本来是要倒掉的，但是用来炒一碗豆渣，就吃得她眉飞色舞，可想而知，她的口味并不算太刁。她写过美食散文《谈吃与画饼充饥》之类，据说在美国还给友人爱丽斯手抄了18道中国菜的食谱——这些我以为多半是文人的纸上谈兵，就像李渔、袁枚，他们笔下的什么食单之类的劳什子，是不能当真的，都是想当然的东西。就张爱玲来说，她的胃口其实很简单，"喜欢吃甜的烂的"、"她喝浓茶，吃油腻熟烂之物。饭菜上头却不悭刻，又每天必吃点心"，这都是她的肺腑之言。像"福1088"设下的张爱玲宴，不过是拿张爱玲做由头行风雅之事，那些菜不要说吃了，很多我都看不明白，比如点心里的"海上花"是什么？凉菜中的"倾城之恋"也搞不清是什么东西，还有热菜中的"浮花浪蕊"、汤品中的"半生缘"、点心中的"沉香屑"——我估计即便张爱玲本人来吃也有点晕头转向，不知从哪里下筷子。

在张爱玲宴中，酒酿饼最具江南风情——在苏州的大街小巷你现在仍然可以随处见到，开锅的时候，一条街全都是酒酿香气。张爱玲经常提到酒酿饼，酒酿饼出自苏州，是苏州一种春天的时令小吃，清明时节，很多店家会在门前摆上一只烤炉烤酒酿饼，甜酒的滋味、软烂的滋味，正是张爱玲所喜欢的"甜的烂的"。当然还有糖炒栗子和松子糖，不是烂的起码也是甜的——她这样描写过："松子糖装在金耳的小花瓷罐里。旁边有黄红的蟠桃式瓷缸，里面是痱子粉。下午的阳光照到那磨白了的旧梳妆台上。"松子糖是南方的美食之一，我品尝过，松子被糖块包裹，糖味甜美，吃的时候一定要有耐心，慢慢品尝，等待着糖液像阳光下的积雪一样融化，等待着一粒粒松子掉落到舌尖上，这是一个非常奇妙的过程。张爱玲家的松子糖还有一个独特的作用——她弟弟张子静生病，"闹着要吃松子糖——松子仁舂成粉，掺入冰糖屑——人们把糖里加了黄连汁，喂给他，使他断念，他大哭"。

酒酿饼也好，松子糖也罢，这些都是小吃点心，不能成为张爱玲宴的主角，熏鱼、素鹅、冷切牛舌、糖醋小排才是，包括那些烈油炒出的

张爱玲念念不忘的美食——酒酿饼。

大菜，荷叶粉蒸肉、虾仁吐司、贵妃鸡、茄汁鱼球、神仙鸭子、蒜蓉苋菜、合肥丸子等等。合肥丸子是我的家乡菜，广义上来说，我与张爱玲算得上老乡，起码也是半个老乡，她笔下的合肥丸子与我老家的做法完全相同。此菜应该是"李合肥"的家传，张爱玲弟弟记得很真切："合肥丸子是合肥的家常菜，只有合肥来的老女仆做得好，做法也不难。先煮熟一锅糯米饭，再把调好的肉糜放进去捏拢好，大小和汤圆差不多，然后把糯米饭团放蛋汁里滚一滚，投入油锅里煎熟，姐姐是那样喜欢吃，又吃得这样的高兴，以至于引得全家人，包括父亲和佣人们后来也都爱上了这道菜。"写得有鼻子有眼，但是我按此方法操作总是失败，蛋皮煎到焦黑，肉糜却仍然不熟——张子静一辈子糊涂，连记个菜谱都含混不清，也不知道"福1088"的大厨如何想当然地做出这个菜。

其实菜的好坏并不重要，重要的是"老克勒"陈子善或沈宏非们的宴席，这是由张爱玲牵头的春天的美食，可以想见，这一行衣裳飘飘的风雅之士，从张爱玲居住多年的常德公寓出来，沿着张爱玲无数次走过的南京西路一路前行来到"福1088"大饭店，笃笃定定地坐下来品尝张爱玲美食——他们需要的，就是这一次美食盛宴，但是一定要以张爱玲的名义进行。否则的话，风雅之士就会变成饕餮之徒，那还有什么意思？在很多人眼里，张爱玲本身就是一道美食。

张爱玲不会刻意模仿张季鹰

中国的文人好发莼鲈之思，尤其是秋风乍起之时，漫天而来的秋雨秋风吹起乡愁，那就是莼鲈之思。我不知道美国三藩的秋风是不是和中国一样荒凉萧条，但是人在三藩的张爱玲置身秋风之中却可以照样顿起中国式的莼鲈之思。

张爱玲应该不会刻意模仿张季鹰，可是沉浸在中国的河流里，张爱玲又如何能对张季鹰的莼菜与鲈鱼视而不见——张季鹰这个名字好，有魏晋风骨，他把多少人钻山打洞得到的官帽摘下来朝地上狠狠一扔，说不定还狠狠踹上几脚,然后拍拍屁股就回老家吃鲈鱼与莼菜,拿现在的话说,这张老头酷毙了,与"陶老头"陶渊明有得一拼。很多人可能做不到张季鹰那样的洒脱,但是莼菜还是想尝一尝,它到底是何样的滋味,让一个人辞官回乡,就为了这一碗莼菜汤?

车前子说过:"莼菜的确好吃,纯粹。一般做汤,我曾吃过莼炒鱼脑,恶俗。自创过一道凉菜:莼菜拌银耳,稍显生硬,但也不失清味。"张爱玲在美国的莼鲈之思有点空打空,既得不到莼菜,更不可能搞到鲈鱼,只好到唐人街买苋菜——就是上海人称为米苋的素菜,"有一天看到店铺外陈列的大把紫红色的苋菜,不禁怦然心动,但是炒苋菜没蒜,不值得一炒……在上海我跟我母亲住的一个时期,每天到对街我舅舅家去吃饭,带一碗菜去。苋菜上市的季节,我总是捧着一碗乌油油紫红夹墨绿丝的苋菜,里面一颗颗肥白的蒜瓣染成浅粉红。在天光下过街,像捧着一盆常见的不知名的西洋盆栽,小粉红花,斑斑点点暗红苔绿相同的锯齿边大尖叶子,朱翠离披,不过这花不香,没有热乎乎的苋菜香"。

相比于中国"暗红苔绿"、"朱翠离披"的菜,张爱玲其实对外来洋派一向情有独钟,她在美国闲得无聊,写过一篇《致爱丽斯菜谱》,不是《谈吃与画饼充饥》里的散文写法,完全是菜谱的写法,具体到"米醋一汤匙,黄酒少许",拿了它马上就可以上灶台现炒现卖。当然,她最爱的还是那些中西合璧式的,如虾仁吐司、栗子蛋糕,这是老上海飞达咖啡馆独有的,以至于她不管走到天涯海角,都始终念念不忘,"到底不及过去上海的飞达、起士林。飞达独有的拿手的是栗子粉蛋糕"。荷叶粉蒸肉和糖醋排骨,都不难。荷叶粉蒸肉在秋季更是当令,所谓"苏州四块肉",荷叶粉蒸肉就是属于秋天的那块。张爱玲是坚定的肉食主义者,童年的职业愿景就是"到牛肉庄找个事做"。话说回来,也好在她在老上海养成的中西合璧式饮食习惯,倒是为晚年在美国的苟且留下了伏笔。张爱玲的菜谱当然见不到莼菜什么的,不过也提到几种地道的乡土菜,辣子鸡丁或棒棒鸡之类,配料里分别用到了红辣椒与辣椒油,明显是川菜之风,显然是受国民政府大员们"后方紧吃"吃出的"陪都口味"之影响,"川扬合流"在抗战后一度成为上海最时髦的饮食主流。《色·戒》结尾,牌桌上的太太们挑易先生请客,先是德国菜,再是湖南菜,接着又是川菜和湘菜,最后竟得出了这样的结论:"吃来吃去四川菜湖南菜,都辣死了!"也不仅仅是口味,连衣着上也着力模仿,包括《色·戒》中的双行横扣的黑呢斗篷和价值不贵的代替纽扣的金锁链。

写到这里有点扯远了,张季鹰也好,张爱玲也罢,一个远在西晋,一个远在纽约,都是张家人,一笔写不出两个张字。而无论赵钱孙李,凡是以中国的文字当米来吃的人,置身扑面而来的秋雨秋风,置身异地他乡,谁没有起过或多或少的莼鲈之思?

女作家请客就是蛋炒饭

一般来说,女作家总是很小气的,尤其是上海女作家,像苏青、张爱玲等靠稿费为生的女作家,那更是小气得有点抠门,想要她们很阔气地请客下馆子,基本上是痴人说梦。

女作家请客就是蛋炒饭,何况像苏青、张爱玲之类,她们自己都是靠文字换稻米,又哪里舍得请你吃酒宴?这一碗蛋炒饭小气是小气,但还是有女人的大度与自尊,当然也包括喜欢——张爱玲在玛利亚女中读书时,叉烧炒饭是她最喜爱的饭食之一。叉烧炒饭其实与蛋炒饭没什么区别,唯一的区别在于一个是用叉烧一个是用鸡蛋。如果既没有叉烧也没有鸡蛋,那就成了油炒饭,张爱玲笔下也少不了:"月香从油瓶里绕锅撒了一圈油,眼睛瞄着前厅,同时快速把冷饭倒进锅里。后厨房不时有人进进出出,一会是送货的,一会是来串门的亲戚,都要经过厨房,都闻到炒饭的味道,都看见了桌边坐了月香从乡下来的男人……月香一面炒饭,一面神闲气定地说她该说的话。那炒饭热腾腾地端到男人的面

蛋炒饭是最平常的饭食。

前。庄稼汉一副心虚的模样，决定不了何时下筷子，因为后厨老有人穿过。月香蹲在水盆边上拿着一只旧牙刷刷鸭掌，金根在她背后扒饭。"——乡间贫贱夫妻，能有一碗油炒饭吃，日子就过得有滋有味。

除了写作外，张爱玲其实是个很笨的女人，表现在吃上面尤其如此，如她自己所戏言，"细致些的菜如鱼虾完全不会吃"，笨手笨脚一如孩童，也可能是从小家中仆佣成群，帮她剥虾剥蟹剥惯了，到了自己手里，完全无能为力。她不请客是对的，若请也只能是跟姑姑做几个包子，还是芝麻酱馅的，因为家中现成的只有芝麻酱。她倒是在家请过周瘦鹃，那时候她刚刚开始写作不久，周瘦鹃主持的《紫罗兰》杂志发表了她的小说《沉香屑 第一炉香》，她请他来家里喝茶，周瘦鹃在多年以后回忆说："茶是牛酪红茶，点心是甜咸俱备的西点，十分精美，连茶杯与碟箸也都是十分精美的。我们三人谈了许多文艺和园艺上的话，张女士又拿出一份在《二十世纪》杂志中所写的一篇文章《中国的生活与服装》来送给我，所有妇女新旧服装的插图，也都是她自己画的。"牛酪是奶油，张爱玲酷爱的饮品之一，加点茶只是意思意思，借茶发挥，其实口味离茶已很远——张爱玲不是老茶客，你让她一杯一杯喝苦茶，确实是为难她。她们都是爱红茶的，午后红茶，要的就是一份闲适与情调。

骨子里，我其实很佩服张爱玲和苏青，不要男子养，也不要工作单位，就靠一支笔吃饭，尽管吃的是蛋炒饭，好歹也是自己挣来的啊！不管你是多大的官僚，犯不着拿血汗钱请你吃宴席，就到街头用一碗蛋炒饭打发，独立、平等、亲民、从容，女人的大度与自强一碗饭里全有了。所以还是郑板桥临终前一句话说得好，他说"流自己的汗，吃自己的饭"——这碗饭应该就是蛋炒饭。

一股喷香的浩然之气破空而来

在《红玫瑰与白玫瑰》中，张爱玲这样写娇蕊与振保调情："娇蕊放下茶杯，立起身，从碗橱里取出一罐子花生酱来，笑道：'我是个粗人，喜欢吃粗东西。'……振保见她做出那楚楚可怜的样子，不禁笑了起来，果真为她的面包上敷了些花生酱。"

王太太的口味应该是张爱玲的口味，是完全西洋化的口味，"王家的饭菜是带点南洋风味的，中菜西吃，主要的是一味咖喱羊肉。王太太自己面前却只有薄薄的一片烘面包，一片火腿，还把肥的部分切下了分给她丈夫"。这与张爱玲的口味几乎完全一致，这一片涂满花生酱的甜面包，几乎决定了张爱玲的后半生。我这么说可能有点故弄玄虚，但是不能一味斥之为信口开河，我的理由很简单，因为人的口味确实可以反映这个人的性格特点，更细心一点观察你会发现，人生经历、生活方式，都可以在他喜好的美食——或者说饮食中体现出来。我甚至可以说，从饮食中你还可以看出这个人的未来走向——这一点也不唯心，更不夸张。就张爱玲来说，她打小就喜爱所有的西式舶来品：冰淇淋、巧克力，乃至蛋糕与面包，老大昌面包是她的最爱。所以张爱玲选择自由写作为毕生职业，最后出走香港直至美国，实在不是偶然。夸张一点说，是面包、咖啡的一缕缕芬芳牵引着她去了那个遥远的彼岸，在那里，她完全可以由着性子将面包当主食。

老上海时代，张爱玲每天都被面包香味唤醒——隔壁起士林凌晨烘

张爱玲的爱就是老大昌面包。

制面包,"一股喷香的浩然之气破空而来",如此浓烈如狂风的香气让她在床上蠢蠢欲动,再也无法入眠。然而起士林最妙的是咖啡,面包香只可以闻闻,张爱玲酷爱的还是老大昌面包——也就是王娇蕊手中那只涂满花生酱的甜面包,在振保眼里,这位爱吃糖核桃的王太太也就是一只甜美的面包,是出自老大昌的涂了花生酱的小面包。张爱玲对这种面包很熟悉,她就是吃着它长大的:"离我学校不远,兆丰公园对过儿有一家俄国面包店老大昌(Tchakalian),各色大面包中有一种特别小些,半球型,上面略有点酥皮,下面底上嵌着一只半寸宽的十字托子,这十字大概面和得较硬,里面掺了点乳酪,微咸,与不大甜的面包同吃,微妙可口。"可能对老大昌面包印象太过深刻,后来在香港的僻静小街上发现一家老大昌,张爱玲几近狂喜,可里面空空如也,楼上楼下找了一圈,最后发现寥寥几只两头尖的面包与扁圆的俄国黑面包。店伙与从前老大昌一样,都是本地华人。她买了一只俄国黑面包,回家发现黑面包硬得像石头,切都切不动,好不容易切开,里面一根棕红的长发,虽说有点恶心,但起码可以验明正身,此面包是青壮年斯拉夫男子手制。

中西合璧,殖民浸淫,东西方文明的雷电交加不仅表现在服饰上,当然也表现在饮食文化、思维方式上,老上海的西式餐馆比比皆是,养育了上海人的肠与胃，也培养了上海人的脑与心——在张爱玲的记忆中，起士林在楼下，而老大昌却在法租界，法式面包清香、松软、奶香四溢，有着层层起酥的羊角，外脆内韧的"长棍"，不仅是外侨的最爱，也是偶尔尝鲜的上海市民至高无上的生活享受。一直到王安忆记事时，老大昌的牌子也没倒，王家姆妈常带着小安忆去老大昌吃面包，还有红茶咖啡、芝士烙面，不过要多花粮票。排队等座的总是一些富裕而有闲的人们，打扮得很讲究，头上抹着发蜡，皮鞋锃亮，裤缝笔直，女的化着晚妆，风度优雅——你绝对想不到，这是"文革"时期的上海。似乎一切都变了，似乎一切都没变，只有老大昌面包的滋味一如张爱玲时代。

海派作家程乃珊也和张爱玲一样喜食西点（富家子弟总是惊人的相似），有一款拿破仑蛋糕让她一食难忘，用鲜奶油层层叠叠黏合起来的法式西点千层酥，吃口松脆，还撒着糖末，与硬铮铮的拿破仑将军的形象似乎格格不入。但待你一口咬下去，香甜的鲜奶油溅溢满嘴，腻软浓郁，还有点铁骨柔肠的味道，犹如拿破仑对约瑟芬的爱情——拿破仑蛋糕就是当年老大昌的招牌。据说法国人都不知道拿破仑蛋糕，只知道此为千层酥——上海人用拿破仑做了免费广告。

画饼充饥虽不顶事但总算聊胜于无

张爱玲写过一篇谈美食的长文《谈吃与画饼充饥》，除了卖弄她的美食心得，就是将吃过的食物有选择地罗列，就像她写的《更衣记》一样，不过就是将她穿过的旗袍再摊出来晾晒一次，尽管时令并非六月初六晒霉时节，老姑婆的碎嘴可不就爱唠叨从前那些吃的穿的用的吗？

我是一个爱吃的人，所以爱一切美食美文也等同于"画饼充饥"，就像很多青春期的小伙子，床头总贴着个春光乍现的女明星一样。画饼充饥虽不顶事，但总算聊胜于无，更何况张爱玲算是我半个安徽老乡，她笔下的美食多半能引起我的认同，比如"粘粘转"，还有蛤蟆酥——

那时候张爱玲刚刚从家中出逃,和姑姑张茂渊住一起,"我姑姑有一次想吃'粘粘转',是从前田上来人带来的青色的麦粒,还没熟。我太五谷不分,无法想象,只联想到'青禾',王安石的新政之一……我一想起来脑子里一片混乱,我姑姑的话根本没有听清楚,只听见下在一锅滚水里,满锅的小绿点子团团急转——因此叫'粘粘(拈拈?年年?)转',吃起来有一股清香"。"粘粘转"是一种奇特的美食,想来多半已失传,我父亲知道,张爱玲祖上田地在安徽无为洲,与我老家风土相同饮食相近,我父亲说,吃粘粘转正值青黄不接的五月天,天天盼着麦熟,麦子就是不熟,饿得人头昏眼花脚底发飘,实在等不及了,就捋下青青麦粒下到锅里连吃带喝先活命再说——或者用石磨磨烂成泥,做成青麦粑。这是穷人的救命粮,自然比不得张家食法那么有趣:将麦粒下在一锅滚水里,青青麦粒撒入水中的一刹那,恰似千万初春雨滴落进一湾青草池塘,菜花金黄,蛤蟆欢唱——我又想起了蛤蟆酥,张爱玲笔下的蛤蟆酥像酒酿饼一样,它也是苏州美食。这是一个出美食的江南小城,这是个唯美的地方,桃花太艳,女人太俏,茶馆太多,书肆太密,歌曲太软。还有,还有就是美食太淡——清淡的淡。苏州的美食多得数不过来,车前子写过苏州奇奇怪怪的小吃,什么梅花脯、海棠糕、蟹壳黄,还有扁豆糕——小贩们提着竹篮在书肆戏院等人流集中的地段站着,也不叫卖,就在那里静静地守候,他们的心是笃定的,相信老苏州会闻香而至——是的,那种独特的香气老苏州一闻见就馋得要流口水,他们知道扁豆糕上市了,像蜜蜂闻到花香,嗡嗡飞来。扁豆糕制作过程就好比一种美的仪式:将扁豆籽蒸熟,滚压成粉再加糖炒过,以此作坯再制成糕。糕分两层,下层掺了薄荷草汁为淡绿色,上层掺了米粉为乳白色,吃时抹一点玫瑰酱,为粉红色,拿在手里,淡绿乳白粉红,好看极了,吃到嘴里一片清凉。当然少不了蛤蟆酥,这是黄逸梵的最爱,张爱玲这样写:"我母亲从前有亲戚带蛤蟆酥给她,总是非常高兴。那是一种半空心的脆饼,微甜,差不多有巴掌大,状近肥短的梯形,上面芝麻撒在苔绿底子上,绿阴阴的正是一只青蛙的印象派画像。那绿绒倒就是海藻粉。想必总是沿海省份的土产。"

张爱玲的蛤蟆酥产地在苏州,就是旧时苏州的土产香脆饼。上海人高看它一眼,可它在苏州并不稀罕,旧时大街小巷都有得卖,以观前街文魁斋做的最有名。文魁斋名字大气,店却是一家仅半间门面大小的小店,非常简陋,当街支起一面"文魁斋"的布幡,既当店招,又作遮阳的篷布用——香喷喷、绿阴阴的香脆饼,形状真如印象派笔下的蛤蟆,张爱玲以丰富的想象冠以蛤蟆酥的大名,倒是恰如其分。香脆饼个头较小,用海藻粉和面粉、油酥、撒芝麻烘烤而成,吃起来刮拉松脆,一口咬下去,酥屑纷纷掉落,有经验的苏州人吃香脆饼,总张开另一只手,在饼下接着饼屑,双手左右开弓,姿势虽不雅,但为避免浪费,大多数人都习惯了这样的吃法。《新民晚报》曾有一位老苏州撰文写姑苏风俗,说在旧时苏州的闹市小公园、玄妙观等处,有不少流动小贩沿街叫卖蛤蟆酥。小贩将饼放在小匾里,匾左右系以绳子套在脖子上,那放饼的小匾正好搁放在齐腰处,小贩们到处走动吆喝着:"啊要买香脆饼!"——香脆饼就是蛤蟆酥。

糖炒栗子是很美的休闲食品

糖炒栗子是很美的休闲食品,张爱玲对它爱不释手,在小说《留情》里她这样写到它:"敦凤停下车子来买了一包糖炒栗子,打开皮包付钱,暂时把栗子交给米先生拿着。滚烫的纸口袋,在他手里热得恍恍惚惚。隔着一层层衣服,他能够觉得她的肩膀,隔着他大衣上的肩垫,她大衣上的垫肩,那是他现在的女人,温柔,上等的,早两年也是个美人。"糖炒栗子就是这样,是情绪化的,爱情的零食。

《人间四月天》里有一个场景,徐志摩去世后,陆小曼一个人生活着,直至满头银发如雪。一个深秋,她披着羊皮披肩孤独地走着,买了一包糖炒栗子,抱在怀中,靠栗子余温取暖。拿了一颗栗子颤抖着送进嘴里，一片黄叶落下来，她目光追随着落叶，忘了吃嘴边的栗子——她和徐志摩曾在冬日分吃一包糖炒栗子，边吃边暖手，天空雪花如蝶，营造着才子佳人才有的浪漫。事过境迁后，飘落的叶子，过时的美人，清寒的天气，温暖的栗子，化成张爱玲小说的底色。当年在上海，张爱玲常常身披诡异清瘦的清装行头在街头买糖炒栗子，一边吃一边跑到书摊前，问老板自己那本《传奇》销量怎样。

糖炒栗子多少有点富贵闲人的味道——栗子面窝窝头属于西太后；桂花糖蒸新栗粉糕，是《红楼梦》里宝玉叫人送给湘云的小吃。袭人还让宝玉剥风干的栗子给她吃，袭人这样的女孩子遇到宝玉算是很幸运了，那个时代谁把女仆当人看？《汉书》说，燕秦人家千树栗，家境等同千户侯——栗子在这里还是富贵的象征。而穷人如骆驼祥子，上街买熟栗子，则一定是主家太太的使唤。他买回来在屋门外叫了声，她在屋中说："拿进来吧。"——她要的，原是他的身体，栗子不过是一个借口。

糖炒栗子也是很诗意的食品，总是和秋风和桂花一同出现，从前住在芜湖，一到桂花绽放时，大小马路边到处支起一口大得吓人的铁锅，里面是半锅玉米粒大的黑铁砂，一个男人挥舞着大铁锹在翻炒栗子，香气随秋风传得很远，是无声的广告——这秋天的诱惑你几乎无法抗拒。据说徐志摩喜欢去西湖翁家山访桂吃煮栗子，有一年秋天风雨飘摇，没看到桂花也没吃到栗子，于是发牢骚，回来写了篇文章《这年头活着不易》，没栗子吃就活得不容易，诗人真是太脆弱。我们小时候很少吃栗子，好不容易从山柴上摘到一颗，丢在通红的火盆里，一会儿，砰的一声，蹦出一个裂了壳的熟栗子，像射出一颗子弹，抓起来，在手里来回倒，连连吹气使它冷，"火中取栗"就是这个意思，只是弄不好会炸伤眼睛。

要说起来，张爱玲作品总是透着无边的苍凉与阴冷，好在有这么一包糖炒栗子，让人感觉到尘世温暖，也许还有另一道美食：米粉蒸肉。

关于米粉蒸肉，张爱玲在《沉香屑》中有一个很恰当的比喻："湘粤一带深目削颊的美人是糖醋排骨，上海女人就是粉蒸肉。"——就我个人来说，粉蒸肉，特别是荷叶米粉蒸肉，滋味肯定比糖醋排骨美好。

荷叶米粉蒸肉是江南的美食，因为无论是荷叶还是大米均是南方的风物，北方就是想吃也不容易做成。荷叶米粉蒸肉与杭州西湖"曲院风荷"有关，在清末，此地风雅人士将五花肉切片用黄酒花椒腌制，香米炒熟研磨成粉，将肉裹一层米粉再用曲院风荷新荷叶包裹，上笼蒸熟，荷叶碧绿、米粉雪白、熟肉酱红，荷叶的清香混和鲜肉的糯香，馋得人止不住要流口水。苏州美食家陆文夫说过，简单的猪肉随着时令变换，烧法不一。有老苏州戏称，一年四季，就是要吃好四块肉。春季吃酱汁肉，夏季吃的是荷叶粉蒸肉，秋天吃扣肉，冬天吃的是与酱汁肉很容易混的酱方。你在这一个季节，见不到苏州人吃其他季节的菜，比如在秋天，你想吃酱汁肉，对不起，市面上买不到。

荷叶粉蒸肉应该是文人的美食，当年为张爱玲发表第一篇小说的周瘦鹃，就酷爱米粉蒸肉，他创办了一份杂志《紫罗兰》，除了写文章，还喜欢弄一点花花草草。所居住的紫兰小筑，就是自己亲手设计的庭园，程小青、范烟桥、谢孝思等"老克勒"，经常来碰头，在春天的阳光下画画，写诗。据说周家有一个好保姆，夏日聚会后周瘦鹃便说："娘姨，我们中午要吃荷叶粉蒸肉。"娘姨就笑着到后院廊下采荷叶，自家园子里有一池荷叶，这是多么幸福的事。十年后，周瘦鹃投身自家荷池自杀，一池残荷恰好掩住他瘦削的身体——莫非在生前他就想好了后事？

陆文夫先生说，过去大户人家后院都有荷池，想吃米粉蒸肉很容易，就到自家后院采荷叶。没有荷池也不要紧，小菜场上来卖鱼和藕的农民，扁担头子上都会挂着一大把新荷叶，就是给人家做米粉蒸肉的，不用花钱，你开口向他讨几片就行，下次照顾一下他生意就好。张爱玲过的是新式公寓生活，想吃米粉蒸肉要难一点，品味"留得残荷听雨声"就更不容易，她只能听有轨电车叮叮当当响。

张爱玲念念不忘这道江南名菜，在《心经》里她借许太太口对老妈子说："开饭罢！就是我跟小姐两个人。桌上的那荷叶粉蒸肉，用不着给老爷留着了，你们吃着罢！"——一碗荷叶粉蒸肉，就是对家人最大的犒赏。张爱玲说上海女人是粉蒸肉，可她自己却骨瘦如柴，根本就不像粉蒸肉，分明就是一碟糖醋排骨。

胖山芋睡在光明中，仿佛睡着了的胖娃

多年前看过三毛编剧的电影《滚滚红尘》，对有一个镜头十分难忘：韶华（张爱玲）与女友（炎樱或苏青）一同逛街，看见街头有卖烘山芋，喜不自禁，人手一只，当街剥皮，狂吃通红又烫嘴的山芋芯。

张爱玲对这种街头小吃倒记忆深刻，不时在文中提到烘山芋，她不说烤白薯，就很直白地说烘山芋——《道路以目》中说，"烘山芋的炉子的式样与那黯淡的土红色极像烘山芋"；《桂花蒸 阿小悲秋》里，婆媳俩立在楼梯口就为等候女佣去买烘山芋，买来了两个人大吃特吃，还将楼上一个女孩子也叫下来吃，仿佛是好东西人人不可错过。

烘山芋多半出现在冬夜，最好是冬夜寒风呼啸的街头，或者天空飘着柳絮般的雪花。张爱玲喜欢逛街，与闺密苏青或炎樱从霞飞路一路逛过来，两个锱铢必较的上海女人花一点钱都分得明明白白，也是没有办法，一个离了老公靠写作为生，一个离了老爸靠写作谋生，每一分钱都是血汗钱，一分钱分八瓣花都是应该的。在街头避风处，她们忽然发现一只烘山芋的炉子，一个铜板就能买一斤吧，两个女人忽然大方起来，挑两个烫手的山芋抢着付钱——上海女人一向喜欢抢着付最少的钱，抢着付一两个铜板就跟打架似的，张爱玲也不能免俗。烘山芋味道还不错，最主要是极其便宜，站在冬夜街头，靠着一只暖暖的火炉，和闺蜜有一搭没一搭地说着体己话，那滋味比烘山芋还好吧？更多的时候烘山芋在手里只是一个点缀，一个说话的由头。

美/味

胖山芋睡在温暖与光明中，像熟睡的婴儿。

深秋初冬时节，烘山芋和糖炒栗子是最受欢迎的休闲食品，近一百年过去了，现在上海夜晚的街头仍是如此，冬天的夜晚，你从灯红酒绿的酒吧出来，寒风迎面扑来，你竖起衣领微微低了头走过弄堂，在一个不引人注目的地方，便发现一只烘山芋的火炉静静立在那里，黑乎乎的，封炉的铁板上一个洞眼，才看见一点腥红。你要是买山芋，主人移开铁板，这才看到火炉的芯里原来炉火熊熊，一排胖山芋睡在一片光明与温暖中，仿佛睡着了的胖娃，一些地方淌出棕色胶质，那是山芋糖饴，一如睡觉的孩子淌出口涎。

作为一种女性食品，女生、白领女性或者如张爱玲这样的女作家是烘山芋不变的顾客，我很少看见一个男子正儿八经去买烘山芋，就是要买，也得是陪着热恋的女朋友吧？我突然想起来，当年张爱玲的超级粉丝D小姐为了接近张爱玲，跑到美国费尽心思住到张家隔壁，结果只看到张爱玲一个模糊的背影，无奈之际只得翻捡她的垃圾——D小姐如果在小区门前摆个火炉烘山芋，何愁张爱玲不飞蛾投火般扑上来？

偏爱香肠卷，可能与父爱缺失有关

张爱玲似乎对香肠卷情有独钟，"有一次在多伦多街上看橱窗，忽然看见久违了的香肠卷——其实并没有香肠，不过是一只酥皮小筒塞

213

肉——不禁想起小时候我父亲带我到飞达咖啡馆去买小蛋糕，叫我自己挑拣，他自己总是买香肠卷。一时怀旧起来，买了四只，油渍浸透了的小纸袋……"

张爱玲之所以偏爱香肠卷，可能与父爱缺失有关，香肠卷是父亲的最爱，打小和父亲进咖啡馆，两个人一个吃小蛋糕，一个吃香肠卷。小孩子调皮，看着碗里霸着锅里，时不时会在香肠卷上咬一口，那时候父亲很爱她，家里也是一团和气："我们家搬到一所花园洋房里，有狗，有花，有童话书，家里陡然添了许多蕴藉华美的亲戚朋友。我母亲和一个胖伯母并坐在钢琴凳上模仿一出电影里的恋爱表演，我坐在地上看着，大笑起来，在狼皮褥子上滚来滚去。"——谁也想不到后来父女决裂以至绝情，父爱缺失，恋父情结就停留在那只香肠卷上，毕竟那是和父亲共同品尝的，恋爱对象就情不自禁变成了父亲一样的男子，希望他像父亲早年一样来爱她——父亲的影子可能在梦中，也可能在文字里，像是《创世纪》中的全少爷、《花凋》中川嫦的父亲郑先生。这种无才无力改变现实，又有怨有气面对现实的人，在当时是很多的。靠祖上留下来的一点东西，窝在蜗牛壳里发恨到发霉，终于寂寂地化了灰。子女与父母性格不投也是常见的，然而父亲总是父亲，有一点共同的因子躺在她的血液里。

普通的香肠卷做起来并不难，用发酵的面粉，弄成小长棍，再卷一根香肠，底下捏紧，不然二次发酵再蒸过后会涨开。再次发酵半小时，以手感为准，凉水就下锅，先用中火，直到蒸锅开始上汽了，再改大火蒸15分钟。若讲究那就麻烦了，要准备高筋面粉、冷冻酥皮、小香肠、蛋黄、牛奶、撒在小香肠卷上的罂粟籽和芝麻。将蛋黄和牛奶搅匀。香肠卷的酥皮接缝处朝下，并排列在铺了烤盘纸的烤盘上。在酥皮上再涂抹蛋黄牛奶，然后放入烤箱中，以180摄氏度烤15分钟，至酥皮呈现金黄色。

某一天，炎樱坐在张爱玲公寓阳台上，拿照相机往楼下乱拍，问道:"如果离开上海,我最想念的——你猜是什么?"张爱玲平直地回答:"飞达咖啡馆的香肠卷。"张爱玲笑着,一手叉腰,望着苍苍天际。炎樱按下快门,她发现张爱玲瘦到只剩两条细长的腿,裙子松松地挂在腰际飘飞在风中。这是张爱玲一张著名的照片——相好的朋友,连爱吃的食物亦是相同。

一定少不了朵云轩纸和牛酪红茶

在网上看到一篇写张爱玲的文章,作者不详,但他能进入常德公寓张爱玲住过的房间,肯定不是一般人,他在文中还原了目睹的一切:"那个房间已经完全变了样,不,也许应该说,复了样——典丽的沙发,怀旧的陈设,照片里丰容盛鬋的太太是她的母亲,桌上压着朵云轩纸,床角散着一双龙凤软底绣鞋,甚至连牛酪红茶和甜咸西点也都摆在茶几上了。"——张爱玲的房间应该就是这样,一定少不了朵云轩纸和牛酪红茶。

牛酪是什么?百度才得知牛酪就是奶油,张爱玲是酷爱奶油的,连喝茶也不放过,要加入许多奶油,这应该不算是真正的茶吧?只是掺了

张爱玲最爱用大杯饮红茶,显示她的西式口味。

一点茶味，意思意思，像现在的柠檬红茶、珍珠奶茶，还有什么果茶、花茶，只是借着茶叶随意发挥，离茶已经很远。都市女子不是老茶客，你让她一杯一杯喝苦茶，确实是为难了她，她们都是爱红茶的，午后红茶，要的就是一份闲适与情调。张爱玲不但自己爱喝，还喜欢用红茶招待客人。周瘦鹃主编的《紫罗兰》发表了她的第一篇小说《沉香屑　第一炉香》，周瘦鹃还夸她的文字像毛姆，张爱玲很开心，在家用红茶招待他。

张爱玲很少正儿八经地喝茶，她和炎樱在一起，有一次去喝菊花茶，茶里加了菊花，说不定也加了糖，那好像也不是真正意义上的茶——那是在香港，两个人的友谊才刚刚开了头。她的两个好友炎樱和苏青，都是红茶爱好者。女作家赵凝就说过："读苏青要在春日阳光明媚的午后，坐在爬满长青藤的阳台的躺椅上，喝着一杯暖暖的红茶，细细地去品味。"苏青也好，张爱玲也罢，她们的文字要伴着红茶去阅读——怀着这样休闲的心态去读一位作家的文字，对这位作家来说，不知道是幸还是不幸？张爱玲多年来被文坛低估，我想那并非偶然，她总是从爱情切入生活与时代，未免显得琐屑与单薄。她现在多少有点被过分高估，这也与她的文本无关，这是她背后那个大家族、那片老上海，还有她本人传奇性的爱情决定的。爱情是女人的死穴——就像她喜爱的牛酪红茶，红茶再好喝肯定比不过烈酒，因为酒能使人燃烧起来，而红茶只能让人昏昏欲睡。

张爱玲一直小觑弟弟张子静，有一次却破例为他沏了一壶红茶，还切了块从楼下咖啡馆叫的五角星形蛋糕同他分着吃了——张爱玲喝什么好像都不合适，只能喝红茶，午夜的牛酪红茶，她端着大杯子坐在充满"兵气"的房间里喝牛酪红茶，很容易让人生出人生落寞和遗世独立之感。

莴笋圆子火腿粥

读张爱玲的小说《十八春》，有一道家常小菜叫莴笋圆子，特别亲切，嘴巴里沁出淡淡的咸莴笋味道。《十八春》的背景以南京为主，靠近我的家乡芜湖，莴笋圆子让我闻到江南民间的味道，当然也包括《小艾》里的火腿粥。

那次是因为世钧胃口不太好，沈太太以为他吃不惯小公馆里的菜，"第二天她来，便把自己家里制的素鹅和莴笋圆子带了些来。这莴笋圆子做得非常精致，把莴笋腌好了，长长的一段，盘成一只暗绿色的饼子，上面塞一朵红红的干玫瑰花。她向世钧道：'昨天你在家里吃早饭，我看你连吃了好两只，想着你也许爱吃。'啸桐看见了也要吃。他吃粥，就着这种腌菜，更是合适。他吃得津津有味，说：'多少年没有吃到过这东西了！'姨太太听了非常生气。"张爱玲的笔墨生动传神，用莴笋圆子来讨二少爷世钧的欢心，只有老于世故的太太想得出，山珍海味绝对让世钧记不住，只有那些家常小菜，小时候经常吃，离开家就吃不上，也没人会做，这样的小菜一下子就抓住他的胃口——何况还有一碗清粥，再配一碟盘成暗绿色的饼子，中间还要塞上一朵干玫瑰花的莴笋圆子，由不得人不胃口大开。难怪姨太太要生气了，她想讨好二少爷，忙得一夜不得要领，二太太一碟莴笋圆子就把她打得稀里哗啦，她当然糟心。

江南的孩子谁没吃过莴笋圆子？春天的阳光晒得人昏昏欲睡，油菜花在乡间开得像发洪水，一夜之间淹没了万千村庄，胖胖的小莴笋一个劲疯长，像十五六岁正抽条的孩子，一夜之间长得又细又高，顶上一穗细花。这时候根本来不及吃，它长得太快了，只好割倒，盐腌，腌成长长软软的一条，竹叶青蛇一样，在篱笆上挂不住，就盘成莴笋圆子。传到城里，就让它戴上一朵干玫瑰花。这种腌菜很好吃，我喜欢腌过一夜的莴笋圆子，这个时候它不太咸，青到有点半透明，吃到嘴里，很脆很嫩，微微带着鲜莴笋的清甜，是佐粥的妙品，最适宜汪曾祺、沈从文之类淡泊的老文人，应该也很适合世钧这样的青年，世钧就是一副文艺青年的样子。

如果说莴笋圆子是佐粥的妙品，佐的应该是张爱玲笔下的火腿粥，第一次读到它是在《小艾》中，确实令人惊喜，那是张爱玲笔下的另一道美食。将近午夜，女佣陶妈仍不能睡，"估量着五太太也就快要回来了，得要到厨房里去看看那火腿粥炖得怎样了，她们看了戏回来要吃宵夜的"。后来一段也提到火腿粥，五太太说："'饿了！那火腿粥好了没有？拿到这儿来吃，拣点泡菜来。'又向忆妃笑道：'你也吃点儿吧？'陶妈便到厨下去，把一锅火腿粥和两样下粥的菜用一只托盘端了来，这里忆妃的女佣已经摆上了碗筷，两人对坐着，吃过了粥，又闲谈了一会，五太太方才回房去了。"

火腿熬粥是一道美味，其实并不是张爱玲小说里才有，民间早已存在，萝卜火腿粥、冬瓜火腿粥、香菇火腿粥是和皮蛋瘦肉粥一样好吃的美食，只是用著名的金华火腿替代普通的瘦肉，滋味自然更美。沈宏非先生说，粥是穷人的主食，也是失败者的符号，穷人食粥为求生，富人食粥为养生。沈宏非在人间烟火中浸淫日久，出语警醒，深得人生之味——上海作家程乃珊是名门闺秀，20世纪90年代定居香港，她也爱煲粥喝，常喝的是皮蛋瘦肉粥和排骨葱花粥，在火炉上微火熬制5小时——这样的粥当然好喝，可程乃珊只是偶尔喝一次，如果连喝几餐，她会倒胃口。而一碗清粥她则百喝不厌，她认定最理想、最有境界的饭食就是一碗清粥，配一碟豆腐乳或酸乳瓜，清、薄、寡、淡，是饮食中的妙品，是散文的至高境界，也是人生的至高境界。

张爱玲写火腿粥，写稠粥，晚年在美国，不知她和赖雅喝不喝粥？如果佐上南京出的莴笋圆子，那应该是饮食上的化境。关于粥我以为，一个人到了晚年，在他经历了大起大落的人生之后，他应该会喜爱喝粥，曹雪芹就是这样，出身于深宫豪门的曹雪芹一生吃过多少美酒佳肴山珍海味呀？只有到了绳床瓦灶家破人亡、举家食粥酒水常赊时，他才写出了洞察人世、名垂千古的力作《红楼梦》。

化腐朽为神奇的干煸白菜帮

张爱玲曾说过这样的话:"我觉得发明炒菜是人类进化史上的一个小小里程碑。几乎只要到菜场去拾点断烂菜叶边皮,回来大火一煸,就能化腐朽为神奇。"张爱玲所说的这道菜如果给它取个名,那就叫干煸白菜帮。

中国人酷爱炒菜,炒其实也多半就是放锅里干煸,据说很多老外不肯将房子租给中国人,因为老外他们吃东西就是烤箱烘烤,要么吃生的,厨房里没有抽油烟机。中国人一进来做饭,不是爆炒就是干煸,油烟很快将房子熏得一塌糊涂。可是你让中国人不炒菜,那就等于不让他活——就我个人来说,平常吃饭,桌上要是没有一道干煸的菜肴,捧着饭碗不知拿什么下饭。当然我不曾做张爱玲说的干煸白菜帮,我喜欢干煸青椒,是秋末下市的长不大的小青椒,锅里只放一点点油,一边炒动一边用锅铲压那些青椒,青椒上起了一层焦皮,虎皮青椒是不是就是这样做出来的呢?青椒里水分渐渐被榨干,放入豆瓣酱再煸片刻,就变得非常美味。干煸就是入味,南昌有道名菜叫红辣椒干煸青辣椒,把辣椒放油锅里干煸,据说起锅前放点大蒜须子柚子皮,吃起来麻辣爽口,辣得人额头上汗水滚滚,十分过瘾。唐鲁孙爱吃河南皮炸,就是将猪肉皮晒干油炸,再泡透切条回锅干煸,十分有味。我常做的一道菜是干煸四季豆,四季豆放油锅里干煸,加生抽、酒、白糖、花椒和盐,一直干煸到熟。切记不可放水,一点水也不可添,一添就坏菜——干煸来不得半点水分。

张爱玲肯定没吃过干煸白菜帮,她在书中提到的美食多半出自想象,这也是文人的臭毛病,想象决定一切,改不了的。古清生自称是美食家,他似乎也喜欢干煸这种烹饪方法,写过一篇文章叫《干煸男人》:"我觉得现在的男人应该干煸,因为这个世界上已经没有多少有味道的男人了。那么的千篇一律,那么的缺少激情,那么的毫无斗志,简直是索然寡味，如果干煸一下，可能会有所改变。在中国这块地盘上，假如蘸上一点足球与麻将这两样生活调料，男人之间尚能炒出一点什么味道，若这两样生活调料也缺，那简直就比清水煮菜帮子还要寡淡。"这和张爱玲倡导的干煸白菜帮有异曲同工之妙。古清生提出了可供操作的方法，"于是我想，如果用四川花椒、湖南辣椒、江西豆豉、福建茶油、湖北铁锅将中国男人猛火干煸，男人一定会有味道一些。"古清生可能就是干煸过的，他本是地质工人，后来辞职到北京做自由撰稿人，被生活"干煸"的滋味大概感受最深。

很想试着做一次张爱玲提到的干煸白菜帮，这正如钱钟书说的，"吃讲究的饭事实上只是吃菜，正如讨阔佬的小姐，宗旨倒并不在女人"。——我亦不是纯粹为了吃这个干煸的白菜帮子，白菜帮子即使干煸得再入味，也还是白菜帮子，我只是为了接近形而上的张爱玲。